联盟时代

如何将流动的人才变成公司的长期人脉

[美]悉尼·芬克斯坦（Sydney Finkelstein）◎著

李文远 ◎译

SUPER
B☰SSES

SPM

南方出版传媒

广东人民出版社

·广州·

图书在版编目（CIP）数据

联盟时代/（美）悉尼·芬克斯坦著；李文远译. —广州：广东人民出版社，2017.1
ISBN 978-7-218-11375-3

Ⅰ.①联… Ⅱ.①悉… ②李… Ⅲ.①企业管理－研究 Ⅳ.①F270

中国版本图书馆CIP数据核字(2016)第271596号

LIAN MENG SHI DAI

联盟时代

[美] 悉尼·芬克斯坦 著 李文远 译　　　　　　　　　　　版权所有　翻印必究

出 版 人：肖风华

策　　　划：中资海派
执行策划：黄 河 桂 林
责任编辑：古海阳 张　静
特约编辑：周丹丹 宋金龙
版式设计：王　雪

出版发行：广东人民出版社
地　　址：广州市大沙头四马路10号（邮政编码：510102）
电　　话：（020）83798714（总编室）
传　　真：（020）83780199
网　　址：http：//www.gdpph.com
印　　刷：深圳市彩美印刷有限公司
开　　本：787mm×1092mm　1/32
印　　张：10.5
字　　数：190千字
版　　次：2017年1月第1版　2017年1月第1次印刷
定　　价：45.00元

如发现印装质量问题，影响阅读，请与出版社（020-83795749）联系调换。
售书热线：（020）83795240

马歇尔·古德史密斯

全球最著名的高管教练

超级畅销书《自律力》《习惯力》作者

超级老板从战略层面对人才进行管理，从而提升了企业的创新能力和市场主导权。悉尼·芬克斯坦教你如何提升自身的领导力，为企业留下长久且有影响力的精神财产。

埃里克·斯皮格尔

西门子公司董事长兼 CEO

超级老板存在于每一个行业和市场中。他们能够吸引优秀人才，并促使人才为公司发展释放出巨大潜能，从而推动企业的重大创新。本书将告诉你如何做到这一点，而且它所包含的内容远不止于此。

比尔·麦克纳伯

美国先锋集团（世界上第二大基金管理公司）**主席兼 CEO**

本书是一本引人入胜的创新之作。它不但探讨了世界一流人才的塑造方式，还探讨了我们应该在什么情况下让这些人才自立门户。

詹姆斯·基尔茨

吉列公司前董事长兼 CEO

这本书对优秀人才和他们的超级老板进行了深入研究。芬克斯坦结合翔实的案例，向我们提出的极为实用的建议。

上原明

大正制药（世界第二大 OTC 药品生产商）**会长**

悉尼·芬克斯坦用审慎的科学态度和具有启发性的叙事方式，阐明了管理学上一个未经彻底探讨过的话题。

迈克尔·沃德

贝恩资本（国际性私人股权投资基金公司）**执行董事兼 COO**

人才管理是企业的关键驱动力。对人才的培养能使企业长期立于不败之地。在本书中，芬克斯坦告诉我们精英人物是如何成功培养人才的。此外，本书还提供了一些指导性原则，只要遵循这些原则，任何管理者都能成为优秀的领导者。

肯·希克斯

Foot Locker（世界最大的体育运动用品网络零售商）前董事长

这是一本好书，它不但指出各行业优秀领导者应该具备的技能，还给予读者明确和实用的指引，告诉他们如何培养超级老板。

丹尼尔·平克

畅销书《全新思维》《驱动力》作者

读完悉尼·芬克斯坦这部精彩作品之后，你会问自己一个问题："也许你是一位相当不错的管理者，但你够得上'超级老板'这个称号吗？"芬克斯坦揭示出金融业、时尚界、餐饮业、漫画业等各行业超级老板获得成功的秘诀，他为所有力求上进的领导者提供了一本充满智慧的、具有可操作性的实战手册。

谢莉·奥博格

奥库斯菲制药公司前 CEO 兼联合创始人

在研究人才之前，先研究一下那些培养出本行业顶尖人才的领导者，那岂不是更好？悉尼·芬克斯坦发现，各行各业的领导者为培养人才所采取的措施有着惊人的相似之处。本书是一本实战手册，所有商界领导人都可以运用书中原则来识别、激励和培养人才，把人才的最大潜能挖掘出来。这本书提醒着人们：伟大的商业领袖不仅为企业带来成果，还致力于创造一个激励人心的环境，使优秀员工坚信自己能够取得难以实现的成就——事实证明，他们的确做到了这一点！

亚当·格兰特

沃顿商学院管理学教授

《沃顿商学院最受欢迎的成功课》作者

如果你想知道导师型管理者是如何成功培养出诸多得意门生的，那这本书就非常值得一读。通过对各行业富有传奇色彩的领导者进行分析，书中提出了许多吸引人才和培养人才的新策略。

埃德·哈尔德曼

房地美（美国最大的非银行住房抵押贷款公司）前 CEO

悉尼·芬克斯坦对那些我们都有所耳闻却又难得一见的优秀领导者进行了有趣的分析和研究，研究结果堪称惊人，有助于我们深入了解优秀人才的发掘和培养途径。

查尔斯·哈灵顿

帕森斯股份有限公司董事长兼 CEO

在我们职业生涯的某个时期，大多数人都会遇到好老板，而我们很多人也曾仰慕过行业内的一些好老板。本书通过列举不同行业的案例，巧妙地阐述了那些建立常胜团队的好老板所具有的特质。这本书会改变你对人才培养的看法，包括聘用人才、培育创新精神，甚至是看待人才流失的方式。它是一本给以人启迪，而且常常能带来惊喜的好书，它道出了在所有行业中取得成功的真正源泉。

斯图尔特·克雷纳与戴斯·狄尔洛夫
"全球最具影响力 50 大商业思想家"排行榜创始人

　　长久以来，我们都把悉尼·芬克斯坦视为世界顶尖的管理思想家之一，本书即是明证。这是一本让人爱不释手的高水准之作，它不仅激励人心，而且极为实用。

埃里克·瑞珀特
伯纳丁餐厅（全球最受欢迎的 20 家餐厅之一）合伙人兼主厨

　　在本书中，芬克斯坦明确提出了伟大领导者与众不同的品质。本书探讨了领导者鼓励创新和激励他人的重要性，适合所有行业的领导者，实属精彩之作。

格雷格·马费伊
自由媒体集团总裁兼 CEO

　　如果一位老板帮助我们实现了我们认为不可能实现的目标，从而彻底改变了我们的生活，那我们就会永远记住他。本书告诉了我们如何成为那样的老板。

肯尼思·费恩伯格

"9·11"遇难者赔偿基金会理事

悉尼·芬克斯坦分析了企业领导如何教育和培养员工、并使其成为有用之才。从这个意义上讲，芬克斯坦在从事一项重要的公益事业。对于那些不仅关心自身业绩、也致力于在企业内部培养和提拔明星员工的高管而言，这是一本必读之书。

理查德·艾伦

斯奈格制片（独立电影发布平台）**CEO**

作为美国杰出的领导力学者，在花费十多年时间，对十几个领域进行研究和探索之后，悉尼·芬克斯坦证明了一点：领导者发掘和培育人才的能力远比驾驭各种指标重要得多。超级老板不仅会为他们的企业、团队或非营利组织而转变，他们还会逐步向手下传授一些通常能彻底改变整个行业的技术。无论你正在经营一家企业或怀揣这样的梦想，本书都会改变你对身边人才和自身的思考方式。

吉姆·韦伯

布鲁克斯跑鞋（全球四大跑鞋品牌之一）**公司董事长兼 CEO**

长久以来，我们一直为职场领导力的难题而困惑不已；而现在，我们终于找到了答案。我们要打破常规，抛弃自以为是的观念，发掘员工潜能，释放他们的才华，从而对更大范围的团队形成影响！芬克斯坦为我们描绘了一幅激动人心的卓越领导力路线图。

布莱尔·拉科特
商业巨星网络公司常务副总裁

有时候，远见卓识往往源自简单的道理。领导者如何以独特方式创造、管理和激活其个人关系网，对于企业至关重要。对于领导者、企业家和所有想做到这一点的人而言，这是一本激励人心的、有趣的必读之书。

布鲁诺·文奇盖拉
苏富比（世界上最古老的拍卖行）**前 COO**

本书对杰出领导者的思维方式、行为和习惯进行了翔实的研究。伟大的领导者善于激发员工的非凡能力，并营造令人难忘的工作环境。对于那些想加快员工成长速度、提升员工敬业度和目标感的领导者而言，这是一本必读之书。

菲利普·汉伦
美国达特茅斯大学校长

通过对超级老板的深入研究，芬克斯坦让我们对管理学中的一个未知领域有了更深刻的认识。《联盟时代》是一本非常重要的著作。

汤姆·麦克纳尼

展维金融集团总裁兼 CEO

本书不是一本职业生涯指南，但它会完全颠覆你对自身和身边所有人的职业生涯的思考模式。借助引人入胜的故事情节和各领域成功人士对人才的深刻见解，芬克斯坦提供了一个能为你的职业发展增速的全新观点。

杰里米·雷特曼

加拿大伟文（专业从事成衣采购及零售的上市公司）CEO

本书给所有管理者（无论他们在组织中担任何种管理职务）勾勒了一幅成功的蓝图。在这本具有开创性的书中，芬克斯坦探讨了企业的用人之道。即使闭卷良久，书中的原创案例、故事和独特视角仍然会在你心中萦绕。

杨思卓

领导力专家、中商国际管理研究院院长

本书发现了卓越领导者的五个特征：自信、勇气、想象力、诚信、真实。但这本书的核心价值并不在于此。而在于指出超级老板是由两件事来证明的：一是超常业绩，二是超常团队。

目　录

SUPER BOSSES
How exceptional
leaders master
the flow of talent

SUPER BOSSES

How Exceptional Leaders Master The Flow Of Talent

I

变化的时代，不变的联盟

多年前，来自纽约的一家四口走进了位于加州伯克利市的潘尼斯之家餐厅（Chez Panisse）。这家享有盛名的餐厅的经营者是爱丽丝·沃特斯（Alice Waters）。餐厅的特色就是每天都会更换菜单，而且主要供应当地新鲜食材。这种经营方式在当时的美国还非常罕见。

走近餐厅的一家人包括一对夫妇和他们的一双儿女。据在餐厅工作的厨师西恩·利珀特（Seen Lippert）回忆，这家人说他们从未听说过有餐厅会每天更换菜单，于是想来试试。他们列了一份不喜欢的食物清单，其中有豌豆。不巧的是，当天餐厅的菜单中就有豌豆。

沃特斯极其喜爱新鲜、上等的食材，而且厨房员工已经花了整整一下午的时间剥豌豆荚。因此她坚决要求用豌豆做一道菜给那一家四口尝尝。她说："我不管，他们哪怕品尝一口也好。"

　　不出所料，这家人品尝了豌豆之后都赞不绝口。在后来的一次面谈中，利珀特告诉我："那个小男孩的神情分明在说'哇，我从没吃过这么好吃的豌豆，真的从来没吃过这种菜'。"很快，这家人把一整碗豌豆都吃光了。利珀特说："他们显得既兴奋又满足。"

　　在对顾客口味的挑战中，沃特斯又赢了一次，这是她所取得的无数胜利之一。如今，很多美国人都喜欢光顾那些直接从当地农场采购食材的餐厅，因为那里的菜肴更新鲜。而当沃特斯的潘尼斯之家在1971年开张时，美国的烹饪界完全是另外一幅景象。那时美国人对新鲜食材接触不多，他们的膳食主要由几种批量生产的冷冻加工食品构成，比如在全美境内配送的又生又硬的西红柿、工业化农场生产的"不明肉类"以及配料明显出自化学实验室的烘焙食品等。

　　沃特斯在法国学习烹饪时，可以轻易从当地农产品市场买到新鲜水果、蔬菜和肉类，这让她找到了简单烹饪的乐趣。潘尼斯之家餐厅在美国开张后，她倡导一种全新的烹饪风格。由于与当地肉蔬生产商建立了良好的合作关系，她得以使用大量的新鲜食材，这成为她烹饪风格的一大亮点。在一次采访中，顶级大厨托马斯·凯勒（Thomas Keller）告诉我，潘尼斯之家不仅是一家餐厅，它还是一种"现象"和"某种无法在其他地方复制的东西"。《美食家》（Gourmet）杂志在 2001 年将潘尼斯之家评为"美国最佳餐厅"，成立以来潘尼斯之家在烹饪界屡获殊荣。

除了经营潘尼斯之家，沃特斯还做过几个知名项目，比如"饮食校园"项目（Edible Schoolyard）和耶鲁大学可持续食物计划。沃特斯已经成为美国倡导食用有机食品、食物本地化以及慢食运动①的领军人物。而业内人士还会告诉你，沃特斯还培养了众多优秀烹饪人才。

这些年来，她的餐厅像一所非正式的学校，或一个人才孵化器，培养出了整整一代有远大抱负的厨师。几十位在潘尼斯之家工作过的员工后来都创立了属于自己的餐馆，其中有些人还被认为是美国最具创造力的烹饪奇才，包括茱迪·罗杰斯（Judy Rodgers）、杰里米亚·托尔（Jeremiah Tower）、乔伊斯·戈德斯坦（Joyce Goldstein）、乔安妮·韦尔（Joanne Weir）以及大卫·莱博维茨（David Lebovitz）等先锋人物。已故的茱迪曾在旧金山市的祖尼咖啡馆（Zuni Cafe）做主厨，曾两获有"美食奥斯卡"

① Slow Food Movement，号召人们抵制按标准化、规格化生产的汉堡等单调的快餐食品，提倡有个性、营养均衡的传统美食，目的是通过烹制美味佳肴来维护人类不可剥夺的享受快乐的权利，同时抵制快餐文化、超级市场对生活的冲击。——译者注

之称的詹姆斯·比尔德最佳厨师奖（James Beard Awards）；杰里米亚也曾获此奖，他在退休之后重出江湖，于 2014 年接管了纽约著名的绿苑酒廊（Tavern on the Green）餐厅；乔伊斯同样是詹姆斯·比尔德奖得主；乔安妮是一位屡获殊荣的食谱作家和烹饪老师；大卫则是常赢得大奖的糕点师。

"这些人仅仅是一部分。我的意思是，在我的厨师同事中，到底有多少人曾在沃特斯的餐厅厨房工作过，我数都数不过来，"著名厨师埃博哈德·穆勒（Eberhard Muller）对我说，"我甚至难以估计到底有多少人来自与她有关的厨师圈子，也不完全认识那些曾与她共事过或来往过的人。"

第一次听说爱丽丝·沃特斯的成就时，我很惊讶她居然能培养出这么多顶尖厨师。几年前，我写过一本名为《成功人士的七大陷阱》（*Why Smart Executives Fail*）的畅销书，书中探讨了某些看似才智过人的领导者，实则极度自负、无所建树，并且缺乏好奇心，无法适应不断变化的商业环境。大多数企业的战略和文化往往缺乏想象力、故步自封，企业中缺少勇于突破和不断进步的人才。

让我觉得有趣的是，沃特斯显然没有接受过企业管理方面的专业训练，但她是个创新天才，凭借一己之力培养出一群充满好奇心和活力、思想开放的员工。拥有这样一群员工的潘尼斯之家，跻身世界级餐厅之列似乎是必然的。同时让我好奇的是，在当今的大数据时代，人际关系仍能在引进顶尖人才的过程中发挥巨大作用。

超级老板的树状人才发展模式

随着对潘尼斯之家研究的深入，我发现一个规律：餐厅的副主厨在工作一段时间后通常会另立门户。我很想知道，其他行业是否存在这种人才发展方式，即以某一个或几个富有传奇色彩的改革者为源头，人才如大树的枝叶般繁荣生长。于是，我开始研究包括职业橄榄球、广告、食品、房地产、投资、戏剧和时尚在内的诸多领域。我惊讶地发现，这一人才发展模式同样见于其他行业。对上述行业内排名前50位的知名人士进行研究，我发现有15～20个人曾经为一位或几位人才导师工作，或曾接受过他们的指导。而这些导师就是我所说的"超级老板"，他们肩负着行业创新的重任。

为超级老板效力会有哪些回报？研究橄榄球联赛可以得到明确的答案。在20世纪八九十年代，美国国家橄榄球大联盟①由5位教练主宰，他们分别是比尔·沃尔什（Bill Walsh）、乔·吉

① National Football League，简称NFL。是北美四大职业体育运动联盟之首，世界上最大的职业美式橄榄球联盟，也是世界上最具商业价值的体育联盟，联盟由32支来自美国不同地区和城市的球队组成。——译者注

布斯（Joe Gibbs）、比尔·帕塞尔斯（Bill Parcells）、吉米·约翰逊（Jimmy Johnson）和玛尔夫·列维（Marv Levy）。在这5位教练当中，培植出最大一棵"人才大树"的是比尔·沃尔什。1979～2015年，沃尔什和他的门生在超级碗①决赛中出现过32次，并获得17次冠军。而约翰逊和他的门生在超级碗决赛中只出现过6次；列维、吉布斯、帕塞尔斯和他们的门生执教成绩比较优异，分别在超级碗决赛中出现过23次、21次和24次。

在2005年，NFL共发生10次换帅，其中有6次是沃尔什系教练接掌教鞭。截至2008年，也就是沃尔什去世后的1年，在NFL的32支球队中，沃尔什系教练执掌着其中26支队伍。

沃尔什及其门生的成就源自他的一项重要战术创新，即"西海岸进攻体系"（West Coast Offense）。那些拥有非传统球员的球队，在教练的指导下执行这项战术往往能赢得比赛。采用"西海岸进攻体系"的球队注重更快、更精准的传球方式。该战术不在于球员的体格大小或动作是否"肮脏"，而在于球员是否以一种更守纪律的方式运用自身天赋。

沃尔什的另一项创新比较容易被忽略：许多教练把带队的具体工作交给别人打理，而沃尔什把球队训练进程以分钟为单

---

② Super Bowl，超级碗是NFL的年度冠军赛，一般在每年1月最后一个星期天或2月第一个星期天举行，那一天被称为超级碗星期天（Super Bowl Sunday）。——译者注

位进行分解，分别界定教练和球员的职责，并制订业务问题的处理方式，例如商谈合约和与媒体打交道等。他还摒弃了专制的领导方式，充分授权，让助理教练和球员们学会独立思考。这些创新手段最终构成一套全新的综合训练方法，后续的人才对这套方法又进行了更多优化。

对类似于沃尔什这样的超级老板研究得越深，我就越想探明是什么让他们具有如此活力。为什么像拉尔夫·劳伦（Ralph Lauren）和卡尔文·克莱恩（Calvin Klein）这样的创新者能够培养出众多的时尚界领军人物，而乔治·阿玛尼（Giorgio Armani）、玛莎·斯图尔特（Martha Stewart）或帕西奥·狄马克（Patrizio di Marco）却没有做到？朱利安·罗伯逊（Julian Robertson）如何培养了对冲基金行业新一代的后起之秀，而像埃迪·兰珀特（Eddie Lampert）和史蒂文·柯恩（Steven Cohen）这样的著名投资人却后继无人？超级老板有哪些用人之道？他们的秘诀是什么？

我想从商业著作中寻求答案，但无功而返。超级老板所应用的树状人才发展模式并没有在传统的商业管理环境中出现。人力资源顾问未曾探讨过这种模式，企业高管也没有围绕这种模式制订人才管理战略，而我和我的同事们更没有在商学院讲授过这一模式。

超级老板能够激发员工潜力，激励他们追求事业巅峰。他们拥有一般人不知道的知识，还懂得运用知识获取卓越成果。

超级关键词：热情、有趣、严苛、大胆

从 2005 年开始，我投身于一项全面的研究项目：在商业、体育、时尚、艺术等领域寻找潜在的超级老板，并绘制出他们的关系图谱。我花了 10 年时间，采访了 200 多名候选人，筛选了几千篇文章和专题论文、数千本书籍以及口头历史资料，最终写下了 30 篇同类研究项目中涉猎最广泛、最严谨的专题论文。

我对 18 位最具影响力的超级老板的生平进行了汇总和剖析，这些超级老板包括洛恩·迈克尔斯（Lorne Michaels）、拉尔夫·劳伦、杰伊·恰特（Jay Chiat）、拉里·埃里森（Larry Ellison）、比尔·沃尔什、约玛·帕努拉（Jorma Panula）、罗伯特·诺伊斯（Robert Noyce）、比尔·桑德斯（Bill Sanders）、迈尔斯·戴维斯（Miles Davis）、迈克尔·米尔肯（Michael Milken）、迈克尔·迈尔斯（Michael Miles）、爱丽丝·沃特斯、诺尔曼·布林克（Norman Brinker）、罗杰·科尔曼（Roger Corman）、朱利安·罗伯逊、吉恩·罗伯茨、乔治·卢卡斯（George Lucas）以及托米·弗里斯特（Tommy Frist）。

我还收集了几十名似乎配得上"超级老板"称号的人物资料，例如希拉里·克林顿（Hillary Clinton）、斯坦·李（Stan

Lee)、奥普拉·温弗瑞（Oprah Winfrey）以及大卫·斯文森（David Swensen）等。我跨越了多个行业以寻找超级老板，包括休闲餐饮业（布林克）、医疗（弗里斯特）、漫画（李）、政治（克林顿）、非营利性养老投资业（斯文森）、电影制作（科尔曼）、对冲基金（罗伯逊）、传媒（罗伯茨）、特效制作（卢卡斯）等。

在寻找超级老板的共同点和研究他们行为模式的过程中，我发现超级老板虽然沟通风格各异，但他们识别、激励、辅导和影响他人的方式却相当一致，都非常新奇而有影响力。

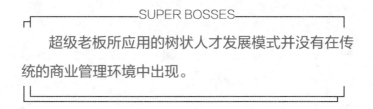

SUPER BOSSES

超级老板所应用的树状人才发展模式并没有在传统的商业管理环境中出现。

超级老板与传统管理者的最大不同之处在于——他们只遵循自己的游戏规则。超级老板对事业有非同一般的热情，他们一切以事业为重心，并且要求下属也这么做；他们总是能发现人才的与众不同之处，以各种有趣的方式面试应聘者；他们建立极为严苛的工作标准，把员工的能力发挥到极致；他们采用一种近乎让人费解的方式辅导和训练员工，这种方式毫无明确的规则可言；他们大胆地让缺乏经验的员工扛起重任，自己却承担着巨大的风险。更让人难以置信的是，待时机成熟时，他们通常会鼓励明星员工离开自己的团队。在旁人看来，这种做法是非常愚蠢的。而事实上，员工在自立门户之后，往往会成为这位超级老板在业界的战略关系网的牢固一环。

随着研究不断深入，我发现超级老板与传统管理者之间存在的差异越来越明显。在蹩脚管理者的手下，员工往往会变得消极，职业发展速度放缓，并且会做出许多诸如说长道短、暗箭伤人、好大喜功等完全不符合"最优方案"的行为，业绩表现也乏善可陈。这种管理者与超级老板根本没有可比性。

另一种相对成功的管理者就是我所谓的"专横型老板"（Bossy Boss），这种老板具有唐纳德·特朗普（Donald Trump）那样的张扬个性，擅长从严管理团队，极力发掘员工潜能。他们喜欢发号施令，将自己装扮成一个遥不可及的、神圣不可侵犯的人物，员工只能崇拜他们，但永远不能和他们平起平坐。但专横型老板仍然不是超级老板。

超级老板可能烈火轰雷、也可能温文尔雅；既可能好勇斗狠、也可能甘居人后。但无论他们是何种性格，都比专横型老板更善于激励和指导员工，因为他们总是与下属同进退、共患难；他们以身作则，给予下属个性化关注，使之快速成长。专横型老板也许会暂时取得巨大的个人成就，但这样的成就犹如毫无根基的空中楼阁。超级老板更喜欢持久的成功，他们会培养一批门生，让这些门生成为各自行业举足轻重的人物。

好老板与超级老板

　　我曾说过，我们往往认为那些能力出众、充满善意的高效管理者就是好老板，那么，这种老板称得上是超级老板吗？事实证明，这样的好老板也达不到超级老板的标准，原因有二：第一，超级老板能够接受好老板所不能接受的某些做法；第二，超级老板比好老板做了更多有意义的事。例如，好老板给予下属晋升机会，借助"职业生涯阶梯机制"帮助他们把握机遇，超级老板也会以非常个性化的方式为下属提供晋升机会，但按照严格的机制行事；好老板会使用标准尺度来评估员工的敬业度，超级老板则会在与下属共同品味职场甘苦时加以观察；同样的，好老板热衷于追求最优方案，他们想知道哪些做法是有效的，然后去实践这些做法，超级老板对最优方案兴致不高，对他们来说，那相当于经验汇总，会在不经意间抹杀创新机会。假如对冲基金巨头朱利安·罗伯逊按照教科书的方法挑选基金经理，那他还会向那么多明显缺乏从业经验的"虎崽"（Tiger Cubs，这是他麾下成功门生的绰号）们提供资金吗？

　　好老板与超级老板之间的差异大多可归结为心态的差异。如今，许多好老板往往认为自己只是一个职业经理人。他们习惯于先打好基础，再精益求精。他们缺乏的是超级老板所特有的直觉、与生俱来的好奇心和率性而为的创业精神。我并不是

唐纳德·特朗普

专横型老板（非超级老板），个性张扬，喜欢发号施令

　　唐纳德·特朗普，曼哈顿房产大亨，2015年6月宣布参与总统竞选，成美国为共和党总统候选人。特朗普性格张扬，不仅喜欢毫无忌惮地"自我吹捧"，还喜欢在公共场合发表许多过激言论和仇恨言论。2016年11月9日，特朗普当选新一任美国总统。

说超级老板群体中就没有职业经理人，本书会讲述几个具备职业经理人特征的超级老板的故事，然而，无论超级老板的职业化程度有多高，他们都不会把自我意识局限在职业经理人层面。超级老板通常会在职业化的道路上更进一步，正因如此，他们才会对下属产生一种强大的独特影响。

随着超级老板的秘密浮出水面，我意识到自己在不经意间为管理者们找到了一条名副其实的金科玉律。问卷调查显示，尽管人力资源专家已经尽了最大努力，但大多数员工仍然对自己工作的满意度不高，缺乏责任心。麦肯锡及其他咨询公司的研究表明，虽然绝大多数企业高管把人才视为组织生存至关重要的元素，可他们就是"不知道"如何有效地培养善于自我激励和自我提升的下属。

本书带来了一套全新的方法，任何人都可以借用这套方法来激励、培养和鼓舞员工，并创造一个取之不尽、用之不竭的"职场新星"输送管道。如果这套方法能够得到广泛传播，大多数人的职业生涯就会变得更有意义，而且能获得更丰厚的收入。管理者们也可以做更多有意义的事情，从工作中获得更多满足感，并让组织变得更灵活、更有弹性。这样一来，职场就从乏味枯燥的地方变成了创新之所。

假如超级老板的做法最终得以广泛传播，更多企业就会发展起来，这无疑会加剧市场竞争。

以人才为创新与发展之本

我生于加拿大蒙特利尔，小时候经常到社区的面包店去玩，新鲜出炉的面包散发着浓郁的诱人香气。那里是整个社区的中心，是一个温暖、充满活力的地方。多年以后，我回到童年居住的社区，但让我郁闷的是那家面包店已经倒闭了。

我不禁陷入深思：为何优秀的企业总会倒闭？它们本不该落得如此下场。只要有合适的人才，企业几乎可以避免或成功应对任何商业挑战与困境。而当企业没有发展壮大人才队伍，没有采用人才提出的新理念、新方法时，似乎就会陷入破产的境地。超级老板的智慧不仅适用于商界，也适用于人类的发展。企业与社会取得成功的主要方式都是让优秀人才全身心投入到创造价值的过程当中。

作为达特茅斯大学塔克商学院（Tuck School of Business）教授和领导力研究中心主任，我有幸为波音、通用电气、摩根大通和德意志银行等大型跨国公司提供咨询服务。我撰写过 19 本关于领导力的书籍（其中有多本畅销书），并发表过 80 多篇与领导力相关的论文。在对各种企业进行研究的过程中，我有一个重大但极为简单的发现：领导力与"人"的关联度极强。企业高管通常以战略为重，他们认为只要制订了正确的战略，其他事情都会水到渠成。他们觉得人的因素可以忽略，或者至少可以把人放在第二位。然而，人是任何战略的核心。任何领导者想保证团队的生存和持续发展，最重要的一件事就是不断扩大人才储备。超级老板都明白这一点，所以他们才能在各自领域建立无与伦比的影响力并取得空前的商业成就。

本书探讨的是全球最高效老板的行为特征，它推翻了传统的"最优方案"模式，展现出一种崭新而全面的人才培养模式。本书以实际案例为基础，对领导者激励和启发员工发挥最大潜力的真正因素进行了系统研究，这在学术领域可谓是创新之举。本书能够指导职业经理人成为更出色的老板，带领团队成员释放出前所未有的创造力和敬业精神，并取得空前的成就，从而不断培养出优秀人才。它还教各行各业的职场人士如何识别本行业的超级老板，从而争取更有利于职业发展的工作。

本书第 1 章阐述了超级老板的定义，并对我的研究过程进行了详尽的叙述。第 2～8 章则是"超级老板实战手册"，即世界上最优秀的老板的管理技巧、思维模式、人生哲学和成功秘诀。第 9 章是对本书的总结，强调了管理者和领导者如何把更先进的人才管理方法融入他们的职业生涯和管理实践当中。阅读中你会发现,本书所探讨的绝大多数超级老板(尽管不是全部)都是白人男性。这并非我有意为之，相反，我只是在客观展现我的研究结果，即白人男性一直以来在高层领导角色中占据优势。我预计（且希望），假如我在未来 10 年或更长时间内再度关注超级老板，能够发现更多女性和其他肤色的人士。

市面上有很多关于人才的书籍，它们运用常识、心理学和大数据等论述人才的作用，却很少研究那些用看似奇怪和独特的方法发展人力资本的领导者。如今，企业迫切需要培养人才的新方法，并让这些人才帮助团队和组织取得成功。超级老板都是极其优秀和有趣之人，他们智慧超群，同时又能将智慧传播，为他人成就一番有意义的事业。还有什么事情比帮助别人实现了梦想更让人觉得充实呢？假如你成为了一位超级老板，而你的得意门生又把你对其职业生涯的重要影响告诉了世人，还有什么比这更能令你心满意足的呢？

拉里·芬克（Larry Fink）是世界上最大、最具影响力的金融机构贝莱德集团（BlackRock）的创始人兼 CEO。曾有人问他："在你的职业生涯当中，最令你难忘的成就是什么？"他回答道："是我为企业留下的人才。在我退休之后，他们会继续经营这家公司。"当你把本书中学到的经验付诸实践并改变自身行为模式时，你就会发现，为超级老板工作的人是那么幸运，而唯一比这更美妙的事情，就是自己也成为超级老板。

第 1 章

超级老板：联盟时代的缔造者

SUPER
BOSSES

HOW EXCEPTIONAL LEADERS
MASTER THE FLOW OF TALENT

吉恩·罗伯茨

离经叛道型超级老板，一位设法让下属脱离安逸状态的主编

　　吉恩·罗伯茨，于 1972 ~ 1990 年担任《费城问询报》执行主编，1994 ~ 1997 年担任《纽约时报》的副总编。在他的带领下，《费城问询报》获得了最大的报道自由，大兴调查报道之风，并取得了突出成绩。在罗伯茨任职的 18 年间，《费城问询报》获得了 17 次普利策奖。

1978 年的某一天，一辆毫不起眼的白色卡车行驶在费城市中心的街道上，它路过带有学院派建筑风格的罗丹博物馆和费城社区大学，来到北宽街 400 号大楼门口。这栋大楼很显眼，被当地人称为"真理之塔"（Tower of Truth），正面悬挂着该市著名报刊《费城问询报》（*Philadelphia Inquirer*）的徽标。大楼共 18 层，里面曾安装着许多运转时让整幢大楼都为之震动的大型报纸印刷机，如今则驻扎着报社的各个编辑部。卡车路经大楼前门，又绕到后门。通常情况下，卡车到后门都是为了装运新鲜出炉的报纸，但这辆卡车可不是来装报纸的，它要到这里来"卸货"。

车停稳后，司机和其他工作人员走到车后方，打开后门，车厢里探出一条细长的腿，然后是第二条、第三条、第四条，最后，

一头挂着淡定笑脸的骆驼出现在人们眼前。这头骆驼是报社从当地马戏团租来的。骆驼后面还跟了一头四腿动物，但比前者矮小很多，据当时《费城问询报》的一名员工回忆："那是一只无须支付费用的山羊，是由马戏团额外奉送的。"

驯兽员和前来迎接动物的报社员工们牵着骆驼和山羊穿过后门，来到载货电梯前，但不巧的是，货梯最高只能上到四楼。四楼电梯门打开后，这两只动物不得不被牵着穿过自助餐厅，进入对面的载客电梯，然后再往楼上走。自助餐厅里的员工惊愕地看着这一幕，有着敏锐嗅觉的记者们纷纷跟在这两头动物后面，想要一探究竟。

一群闻讯而来看热闹的人迅速跑上楼，刚好看到骆驼从客梯里出来并穿过新闻编辑部。与此同时，报社总编吉恩·罗伯茨（Gene Roberts）正在跟几位建筑师和室内设计师开会，探讨为报社建造一间具有未来风格的新闻编辑室。当这两头动物走进来时，罗伯茨既没有从座位上跳起来，也没有尖叫或大笑。"他连眼睛都没多眨一下，"报社前副主编、如今的新闻主编吉姆·诺顿（Jim Norton）回忆道，"罗伯茨马上转过身，对专家们说：'哦，对了，我们要让这间新闻编辑室靠近货梯。'"

30年后，也就是在2008年，当报社的元老们聚在一起，回忆着与罗伯茨的共事经历时，他们向我讲述了上面这个故事。原来，当时的报社记者理查德·本·克莱默（Richard Ben

Cramer）因报道中东形势而获得了美国新闻界的最高荣誉奖项普利策奖（Pulitzer Prize）的提名，同时罗伯茨利用这一契机成功地说服投资人提高了驻外记者的经费，于是记者们租了头骆驼来庆祝双喜临门。

元老们还绘声绘色地讲述了报社里其他的精彩故事，描绘了《费城问询报》如何在罗伯茨的带领下散发出活力和创造力：罗伯茨 46 岁生日时，他走进办公室旁的洗手间，发现里面有 46 只青蛙正"呱呱"地为他庆祝生日；而在报社一名员工过生日的时候，罗伯茨安排了一头活生生的大象出现在该员工的家门口；为了给罗伯茨庆祝 50 岁生日，报社的许多员工聚在一起，商量着安排一次真正令他难忘的庆祝活动。一位员工告诉我："我们暗中成立了一个庆生筹备组委会，策划着如何最大程度地引发人们的关注。我们当时打算组建一支卡祖笛乐队，还想让市政府在克林顿街 1000 街区那幢精致的褐沙石老房子面前设置路障。"筹备委员会还安排了一艘固特异飞艇悬停在罗伯茨家上空，飞艇上巨大的电子屏显示着："青蛙今年 50 岁了。"

"青蛙"是罗伯茨的绰号，这源自他特有的面部特征，但这代表的并不是嘲笑，而是员工对他的喜爱。跟罗伯茨的门生聊天，我发现他们对罗伯茨十分钦佩和敬仰，而这并不是因为罗伯茨的领导身份。我所联系的每一名报社员工，都会跟我分享罗伯茨时代的故事。对他们来说，为吉恩·罗伯茨效力显然不仅仅

21

是一份工作，还是一项终生的事业。罗伯茨也不是一位普通的老板，他独一无二，拥有一股与生俱来的力量。新闻记者唐·巴莱特（Don Barlett）说过："身为记者，如果你不喜欢罗伯茨，那你一定有问题。"

如果你在离开罗伯茨团队的时候没有站在美国新闻业的顶峰，那可能也是你出了什么问题。2008 年那次聚会大约有 300 多人出席，其中有 16 名普利策奖得主、1 名与普利策奖齐名的美国国家图书奖得主以及畅销书《胜利之光》（*Friday Night Lights*）和《黑鹰坠落》（*Black Hawk Down*）的作者马克·博登(Mark Bowden)。罗伯茨的其他门生后来纷纷坐上了《洛杉矶时报》《巴尔的摩太阳报》《阿克伦灯塔报》和顶尖新闻记者在职培训学校波因特研究所的主管位置，还有些人在美国各顶尖报社和杂志社担任记者。

每个行业都有其领军人物、超级巨星和创新者，吉恩·罗伯茨就属于这一类人。与其他同等级的成功人士相比，罗伯茨有其独特的一面：他知道如何帮助人才实现自己的梦想，并在此过程中开发一台"人才机器"，使每一个进入他影响范围之内的人都成为明星。罗伯茨是那种很罕见的老板，他总是设法让下属脱离安逸的状态，不断迎接富有挑战性的新任务；他会亲自给予员工指导和支持，这对员工的成长起着决定性的作用；他还要求员工以创造性思维自主决策，而不是依赖于他。被他招募的记者和编辑都脱胎换骨，全情投入到自己的工作中，并从中得到许多乐趣。在罗伯茨为《费城问询报》效力的 18 年间，报社获得 17 次普利策奖，这是一项不可思议的成就。整个美国新闻行业的人都知道他培养了一批世界级的新闻工作者。

像罗伯茨这样的天才导师不仅仅出现在报纸业。如果持续关注你所在行业富有号召力的领袖人物，你会发现这些领袖人物中的很多人在某个时候都曾经为同一个超级老板工作过。你可能还会发现，超级老板的同事和其他业内人士在提到他时都带着一种既熟悉又敬畏的复杂情感。有些人甚至动不动就向别人提及自己的超级老板，如果别人表示不认同，他们会觉得对方好像来自另一个世界。久而久之，你逐渐意识到，和超级老板产生联系（尤其是你曾经为他工作过）就相当于驶入了成功的快车道：如果你和他亲密无间，就很可能获得成功；而如果你对他敬而远之，那么与那些和他推心置腹的人相比，你就永远处于劣势。

我们必须认识到，这种"超级老板效应"有着多么强大的力量。即使绝大多数企业拥有世界级的人力资源体系，它们的老板也无法为自己的团队和企业源源不断地培养人才；相比之下，超级老板会为整个行业建立人才库。同样的，绝大多数员工都不会在离开企业 20 年后聚到一起，重温往日的美好时光。最近的一些问卷调查显示，某些员工巴不得忘记为自己老板工

作的经历。而在超级老板的门生看来，他们的老板是自己职业生涯中的关键人物，是他们命中的贵人。

在绝大多数行业，超级老板既是伟大的教练，也是伯乐和领导力导师。实际上，超级老板掌握着一种大多数管理者所不具备的技能，即取得非凡成就，而取得成就的方法便是帮助他人获取成功。初听起来可能难以接受，但对于任何一个不想虚度此生的人来说，这绝对是一个好方法。那么，这些取得非凡成就的超级老板都是些什么人？他们的动力来自何方？有过什么样的经历？

人才教父——超级老板的共同特质

关于超级老板的一个悖论（本书中将提到很多悖论）就是：尽管超级老板在人才培养上的造诣经常被忽视，但他们并不甘于躲在幕后。相反，他们会想方设法吸引人们的注意力。在"骆驼庆生"之前，吉恩·罗伯茨早已因为使《费城问询报》扭亏为盈而获得了报业同行的极大关注。

1972 年，当罗伯茨接手《费城问询报》时，这家报社已经腐败透顶，根本配不上"真理之塔"的称号。《费城问询报》是费城排名第二的报纸，落后于《费城公报》；它的员工和费用预算都没有后者多，影响力也没有后者大，并处于亏损状态。

据说，《费城问询报》的前任老板沃尔特·安南博格（Walter Annenberg）有一个奇怪的规矩：只要他看不惯的人，就上不了他家的报纸。当地某些领导人的照片要出现在《费城问询报》上，必须经过严格审核，而凡是安南博格的政敌，照片都会被删除。此外，据《费城》杂志透露，《费城问询报》的首席新闻记者哈里·卡拉费恩（Harry Karafin）曾经勒索过他的报道对象，最终因敲诈勒索罪并被送进了监狱。

罗伯茨曾在《纽约时报》担任社长和主编。面对着带领《费城问询报》转型这一挑战，他的斗志被激发了出来。他想把《费城问询报》打造成全美最顶尖的报纸，并让这家报社深深地烙上他的印记。他说到做到，在一次竞争中大胜《费城公报》，那次事件也被《时代》周刊大肆报道。1982 年，《费城公报》停刊之后，《费城问询报》的日均发行量上升至 50 万份，周日的发行量达到了 100 万份。它因其带有调查性质的新闻报道而享誉全国，甚至在今天看来，《费城问询报》所报道的故事仍具备相当的深度和影响力。例如，它曾报道了一名凶残警探刑讯逼供的故事。这名警探把电话簿放在嫌疑人头上，然后用棒球棍猛击电话簿，直到嫌疑人被屈打成招。当时，这种刑讯逼供的手法在费城警界屡见不鲜，费城三分之二的凶杀案件都是靠这种手段结案的。

《费城问询报》还报道过一起卖血事件。在该案件中，记者

发现有人将费城民众无偿捐献的血液贩卖到迈阿密，一品脱的血可以卖到 700 美元。凭借类似的新闻报道，《费城问询报》的形象上升到前所未有的高度。

罗伯茨的成就给我们留下了深刻印象，但作为业外人士，我们不能稍作研究就匆忙得出"超级老板无所不能"这样一个结论。在入主报社早期，罗伯茨顺利地将一些早已成名的记者招至麾下，他们包括来自《华尔街日报》的史蒂夫·拉弗莱迪（Steve Lovelady）、《新闻日报》的吉恩·福尔曼（Gene Foreman）以及其他来自《波士顿环球报》和《华盛顿邮报》的记者。后来，随着报社的办报质量提高和工作环境的改善，《费城问询报》声名鹊起，成为记者们趋之若鹜的"神坛"。然而，除非你曾在报纸行业工作过，或者曾经关注过这一行业，否则你可能不会注意到这一现象：其他刊物的著名记者在职业生涯之初都曾经与罗伯茨共事，有些人在罗伯茨所带领的组织中茁壮成长并终身为其服务。你知道的只是有那么一家成功的报社，而带领这家报社走向成功的是一个意志坚定、善于创新并广受推崇的领袖。

发现和研究超级老板也是一门精妙技艺。如果你正在寻找超级老板，你可以做一些定量对比分析，从而清晰地描绘出一个行业中的超级老板具有什么样的特质。例如，在对 NFL 的五大传奇教练进行简单统计之后，我们发现：截至 2015 年，比尔·沃尔什所培养出来的 NFL 现役教练数量几乎是第二名的两倍。

表 1.1　NFL 五位传奇教练培养出的现役教练数量

	沃尔什	帕塞尔斯	约翰逊	吉布斯	列维
2008 年	26	20	6	11	15
2009 年	25	21	8	10	17
2010 年	25	19	10	10	14
2011 年	27	17	12	8	12
2012 年	27	15	14	10	10
2013 年	22	12	10	8	9
2014 年	21	13	10	5	9
2015 年	20	13	10	5	10

注：整个 NFL 的教练来自五大传奇教练培养的门生（2008 年～ 2015 年）。细心的球迷会发现，每一年的教练总人数超过了联赛队伍总数，这是因为有些教练为多支教练组效力。

如果我们能对每一个行业都做出这样直观的分析，并找出该行业的超级老板，那确实是一件再好不过的事。但橄榄球是一个相当特殊的行业：橄榄球队的规模都是一致的，并且以一种高度系统化的方式竞争，这让我们很容易对教练的执教能力进行对比。此外，橄榄球界还有大量公开数据用以衡量教练员的成就，而其他绝大多数行业则没有如此清晰明确的数据。

通常情况下，企业会根据自身规模、企业文化或发展方向

来培养人才，这一过程可能与企业中的某些领导者无关。比如，罗伯茨培养了大量人才，但像《纽约时报》这样的著名大报社培养的人才比罗伯茨更多。当然，《纽约时报》里业绩欠佳的员工也不少。如果我们能够算出罗伯茨和《费城问询报》在人才培养方面的"命中率"，那么这个比率与《纽约时报》相比会有什么差距呢？

一般情况下，行业巨头由于自身规模和经营范围较大，因此在人才孵化方面确实具有某些优势，比如吸引更多优秀人才。相比之下，超级老板不会让吸引力变成那些名声在外的庞大组织的专属品，他能够让任何组织如"人才磁铁"般吸引天下英才。超级老板有很多培养全能人才的手段，比如激励和启发员工、为员工创造发展机会、实行师徒制等。像《纽约时报》这种业内顶尖的报社也许可能轻松吸引到杰出人才，但若有一位超级老板执掌大局，它们会做得更好。

总的来说，在对各个"超级老板候选人"进行比较和分析的过程中，存在着很多复杂因素。因此，识别超级老板的最可靠方式就是既关注定量指标（例如其培养的人才数量），也关注定性指标（例如其个人声誉）。借助这一方法，我们就知道罗伯茨肯定是新闻行业的超级老板，因为从某种意义上说，他培养的人才无人能及。

我第一次留意到罗伯茨是在 2010 年，当时我正在与长期为

《管理》杂志供稿的记者罗布·古尔维特（Rob Gurwitt）聊天。古尔维特透露，罗伯茨不但招揽了很多天才作家和编辑，而且还允许编辑们发展不同领域的专长，只要他们认为这些领域适合自己，就可以向罗伯茨提出要求。我随即与研究团队一起采访了其他的业内人士，他们反复提及罗伯茨，认为他是新闻行业独一无二的人才导师，无人能出其右。他们还开门见山地把罗伯茨和其他同时代的人物进行对比，比如《纽约时报》的总编辑阿贝·罗森塔尔（Abe Rosenthal），但罗森塔尔对员工的影响力远不如罗伯茨。

我们应以归纳法识别超级老板。一方面，我们要从业内人士那里收集超级老板的幕后故事；另一方面，我们还要尽量统计他们麾下成功的门生人数。有时我会对某个行业产生兴趣，于是着手找出该行业中最有名的伯乐；而有些时候，我会想知道某位显赫人物是否属于超级老板，于是马上对其进行探索性研究；还有些时候，我从超级老板的门生那里获得了线索，于是决定深入勾勒出这个行业的面貌。无论我研究的是哪个行业，超级老板的特征会随着事实的累积变得无比清晰。

最终，我找到了 18 位重要的超级老板，他们的名字已经在本书前言中有所提及。此外，我还找到了其他 20 ~ 30 位具备超级老板特征的人选。让我感到惊讶和欣喜的是，我发现超级老板不仅存在于企业界，他们似乎无处不在。我敢肯定，你已

经在思考自己所在行业的哪些人符合我对超级老板的定义。可能你也在自己公司的中层管理人员中注意到了这类人。毫无疑问，很多超级老板存在于企业的中层，由于他们很少出现在媒体的聚光灯下，所以他们比高级管理层的超级老板更难以识别。出于这个原因，我从一开始就决定将我的研究对象限定在那些担任企业领导者的超级老板及其门生身上。

我为每一位超级老板罗列了一份得意门生的名单，这些门生通常在行业中也取得了巨大成就，不过该行业不一定是超级老板所开辟的利基市场。以好莱坞制片人罗杰·科尔曼为例，在过去 50 多年里，科尔曼出品了几十部限制级电影，这些电影充斥着大量裸露、极端暴力的画面，以及精彩的飞车情节，科尔曼也因此被人们称为"B 级片之王"[①]。让科尔曼成名的另一个主要因素便是他培养了一大批世界级的导演和演员。罗伯特·德尼罗（Robert DeNiro）就是他的得意门生。早在 1970年，年纪尚轻的德尼罗就在科尔曼出品的小成本电影《血腥妈妈》（*Bloody Mama*）中扮演了一名瘾君子。3 年后，他因参演马丁·斯科塞斯（Martin Scorsese）执导的《穷街陋巷》（*Mean Streets*）一举成名。科尔曼的门生还包括奥斯卡影帝杰克·尼克尔森（Jack Nicholson）、传奇导演弗朗西斯·福特·科波拉（Francis

----

① 因电影中充斥着血腥（blood）、胸部（breast）和飞车党（biker），科尔曼的电影也被称为 3B 电影。——译者注

Ford Coppola)、詹姆斯·卡梅隆(James Cameron)、朗·霍华德(Ron Howard)、彼得·博格达诺维奇（Peter Bogdanovich）、盖尔·安妮·赫德（Gale Ann Hurd）、乔纳森·戴米（Jonathan Demme）等数十人。

房地产行业里也有一个例子。房地产大亨比尔·桑德斯的人际关系网连接着房地产业的许多重要人物，他常被业内人士视为人际关系的中心。在谈到桑德斯培养的房地产界巨头时，有一家杂志提出了"六度桑德斯"理论[①]。拱石房地产公司（Archstone）董事长兼 CEO 斯科特·塞勒斯（Scot Sellers）曾是桑德斯的副手；百老汇房地产公司（Broadway Real Estate Properties）总裁兼 CEO 康斯坦斯·摩尔（Constance Moore）曾在桑德斯手下当过总经理；自 2003 年起在维德集团（Verde Group）担任公司总裁兼 CEO 的罗纳德·布兰肯西普（Ronald Blankenship）曾于 1998 ~ 2003 年在桑德斯治理下的一家公司担任副董事长；丽晶中心公司（Regency Centers Corporation）总裁兼 COO 玛丽·卢·菲亚拉（Mary Lou Fiala）也在桑德斯的另一家公司当过总经理，类似人才不胜枚举。

这些为桑德斯效力过的人纷纷表示，桑德斯给他们提供了一个巨大的训练场。他们对自己超级老板的推崇就像罗伯茨的

① 援引自六度人脉关系理论，是指最多通过六个人你就能够认识任何一个陌生人。用在此处视为了彰显桑德斯的人脉之广。——译者注

31

比尔·桑德斯

人生导师型超级老板，用愿景来驱动员工，以自己的包容之心为傲

　　比尔·桑德斯，房地产大亨。1968 年，他在埃尔索帕市成立了房地产公司 LaSalle Partners。随后几年，他先后成立安全资本集团 (Security Capital Group) 和佛得角地产 (Verde Realty)。桑德斯的人际关系网连接着房地产业的许多重要人物，被业内人士视为人际关系的中心。在谈到桑德斯培养的房地产界巨头时，有一家杂志提出了"六度桑德斯"理论。

门生一样。无论在工作上还是在生活中，桑德斯的门生相互间仍然保持着密切联系，为企业间的合作牵线搭桥。

在研究的早期阶段，我没有预料到超级老板的人才培养模式竟如此相似。随着岁月的流逝，我甚至在一些已经研究过的行业中也发现了新涌现的超级老板。以喜剧行业为例，史蒂夫·卡瑞尔（Steve Carell）在电视剧《办公室》（*The Office*）中扮演了一个傻乎乎的老板，他的表演让粉丝们忍俊不禁。后来，他又在电影《四十岁的老处男》（*The 40-Year-Old Virgin*）中担任男主角，剃胸毛那个桥段简直让粉丝们笑翻了天。但在此之前，卡瑞尔曾长期在乔恩·斯图尔特（Jon Stewart）的《每日秀》（*The Daily Show*）（中国观众喜欢称其为"囧司徒每日秀"）节目组中工作。史蒂芬·科尔伯特（Stephen Colbert）也为斯图尔特创造了保守的"第二自我"，他先是主持了属于自己的节目《科尔伯特报告》（*The Colbert Report*）（中国观众称其为"扣扣熊报告"），然后在 2015 年成为哥伦比亚广播公司（CBS）《史蒂芬·科尔伯特深夜秀》（Late Show Stephen Colbert）的主持人。

其他很多从《每日秀》走出来的职员在进入喜剧和表演行业后均事业有成，包括成为 HBO 频道《上周今夜秀》（*Last Week Tonight*）主持人的约翰·奥利弗（John Oliver）；两界美国电视界最高奖项艾美奖得主罗伯·考德瑞（Rob Corddry）；以及电影《宿醉》（*Hangover*）的主演艾德·赫尔姆斯（Ed Helms）。

也许《周六夜现场》的创办者洛恩·迈克尔斯仍然稳坐喜剧界"人才孵化器"头把交椅，但在相对较短的时间里，斯图尔特已经迎头赶上，凭自身实力成长为又一名超级老板。斯图尔特的例子证明了人才的可再生性，即使某些领域已经存在着充满活力的超级老板，新的超级老板也在不断涌现。

————SUPER BOSSES————

超级老板不会让吸引力变成那些名声在外的庞大组织的专属品，他能够让任何组织如"人才磁铁"般吸引天下英才。

生涯的哪个阶段，也无论你从事什么样的工作，你都要研究超级老板所做的事情。因为超级老板的门生会在很大程度上决定行业的下一步走向。如果你肩负着人才管理的重任，超级老板就是你的楷模，他们的行为会指引你，让你更善于创造、发现和培养自己的长处，成为全明星式的人物；如果你是一名致力于为组织源源不断地输送人才的领导者，你就要想方设法寻找、支持和培养组织中的超级老板；如果你正处于职业生涯初期，一定要找到一名超级老板并为其效力；如果你是一名投资人，你就要密切注意超级老板所领导的企业。无论你身处哪一个行业，超级老板的影响力都不可忽视。

假设你加入了一个高级爵士乐俱乐部，这家俱乐部规模比较小，只有五六十名非富即贵的会员，非常注重保护会员的隐私。会员们三三两两地围坐在圆形鸡尾酒桌旁，细细地品尝手中的马天尼酒，全神贯注地听着台上演奏的爵士五重奏，双脚偶尔还随着节奏打拍子。这场表演是由一名小号手带领的，他背对着观众，似乎只跟其他乐手互动。这些世界级的乐手心灵相通，演奏出节奏紧凑，无比美妙的音乐。他们在合作中完成彼此的乐章，成就彼此的音乐理念。

在演奏过程中你注意到，在大多数情况下，鼓手、贝斯手、萨克斯手和钢琴师似乎都是从小号手那里接收信号。他们专心倾听小号手吹奏的每一个音符，观察他的每一个手势。小号手不仅是乐队的领导，每场表演的主导者。每当他认为有必要特别关注某个乐手时，他会用一个眼神或一段重复的乐句，来激起这名乐手的无限热情。在整场演出中，他用自身的能量激发出其他乐手的活力。

这些年来，这一幕已经被传奇小号手迈尔斯·戴维斯和他的乐队重复过成百上千次。作为现代爵士乐的奠基人，戴维斯被视为 20 世纪最重要、最有影响力的音乐家。他培养出了整整一代顶尖音乐人才，包括约翰·科尔特兰（John Coltrane）、赫比·汉考克（Herbie Hancock）、韦恩·索特（Wayne Shorter）、"加农炮"阿德雷（Cannonbal Adderley）、李·柯尼兹（Lee Knoitz）、J.J. 约

翰逊（J.J.Johnson）、戴维·霍兰德（Dave Holland）、奇克·柯瑞亚（Chick Corea）、基思·哈雷特（Keith Jarrett）和托尼·威廉姆斯（Tony Williams）。

不妨把迈尔斯·戴维斯和迈克尔·迈尔斯做个对比。迈克尔·迈尔斯被视为 20 世纪末美国食品行业翘楚人物之一。作为美国最大的食品企业卡夫食品公司（Kraft Foods）的 CEO，迈克尔通过引入新产品、制订积极的市场营销策略和缩减成本计划，使卡夫扭亏为盈。他也因此而广受业内人士称赞。曾经为迈克尔工作的高管后来成为纳贝斯克（Nabisco）、金宝汤（Campbell Soup）、美泰（Mattel）、扬罗必凯（Young & Rubicam）、吉列（Gillette）等顶级企业的 CEO。

迈尔斯·戴维斯和迈克尔·迈尔斯都是备受尊崇的创新者和育才无数的伯乐。尽管他们所从事的职业不同，但他们都是超级老板。事实上，考虑到 20 世纪中后期美国的社会环境，没有哪种身份比市场营销巨头和爵士乐艺术家之间的差距更大了。在 20 世纪 50 年代和 70 年代，爵士乐作为一种亚文化明确地将自己放在美国企业文化的对立面。它将自己视为一种反传统文化的存在，是非裔美国人推崇的艺术表现形式。而在迈克尔·迈尔斯主宰的卡夫食品公司董事会中，非裔美国人少之又少。

粗略对比这两人的人生经历，我们就能发现他们之间的明显区别。迈尔斯·戴维斯经历过好几段不完美的恋情和婚姻，他曾因家暴入狱数次，并且患有抑郁症。和同期的某些音乐家一样，他一直与毒瘾作斗争。他吸食各种毒品，包括海洛因、可卡因和处方药物，而且酗酒成性。相比之下，迈克尔·迈尔斯的人生过得相对安稳。当他在 2013 年去世的时候，他与大学时代认识的妻子帕梅拉（Pamela）已经结婚 42 年。他的日常饮食起居也相当有规律，曾在他手下担任卡夫食品公司人力资源高级副总裁的约翰·塔克（John Tucker）回忆说，迈克尔上任之初，每天都是 6：30 上班。迈克尔的办公室跟他的办公室只有咫尺之隔，等塔克到公司的时候，迈克尔已经在办公室里冲好咖啡等着他了。塔克说："我告诉自己，我要来得比他更早。"有一天早上，塔克 5：00 就来到公司，却发现迈克尔的车子已经在停车场里了。第二天，塔克 4：30 来到公司，到了停车场，没有看到迈克尔的车子，他觉得这次自己肯定来得比迈克尔早了，但就在下车那一刻，他看到了一对车头灯，正是迈克尔的车子。"他走下车，对我笑而不语，我们两人都知道这是怎么回事，只是心照不宣罢了。"塔克说。

在这样的黎明时分，迈尔斯·戴维斯正打算上床睡觉，而不是像迈克尔·迈尔斯那样准备开始一天的工作。你可以回想一下戴维斯在演出时的标志性动作——背对观众，注意力完全集中在乐手身上。戴维斯只关心音乐本身，而不是观众或乐评家对音乐的接受程度。他不是特别在意别人是否喜欢他演奏的

音乐。事实上，他的思维模式、自我意识与迈克尔·迈尔斯这样的市场营销专家截然相反。

将食品业巨头迈克尔和爵士乐艺术家戴维斯与爱丽丝·沃特斯、拉尔夫·劳伦或是吉恩·罗伯茨进行比较，你会发现他们在个人性格和成长背景方面有着天壤之别。

爱丽丝·沃特斯出生于新泽西州，在法国经历了一场"感官觉醒"后，决定将毕生精力投入到粮食本土化种植与可持续生产的事业中；拉尔夫·劳伦是犹太人，生长于纽约布朗克斯区，在军队短暂待过一段时间之后，他进入时尚圈，逐渐崭露头角。用一名记者的话来说，拉尔夫·劳伦成为了"盖茨比式美国梦的设计者"。吉恩·罗伯茨来自北卡罗来纳州，曾在越战期间做过战地记者。正如我们所看到的那样，他掌管的《费城问询报》里面不仅有享誉世界的记者，还有四处闲逛的动物。如果那时有 Twitter，你会发现他们关注列表里的人截然不同。若你观察他们看电视的习惯，你就会发现，他们有的喜欢看严肃的新闻节目，有的则倾心于俗套的真人秀节目。假如这两类人坐在同一张晚宴桌上，他们肯定无法谈笑风生。

为了客观看待超级老板之间的差异性，你可以想想自己在本行业当中遇到的企业高管表现出的不同个性。通过对比，我们发现超级老板存在于不同的行业中，有的甚至跳出了传统的商业领域。他们来自不同国家，有着不同的社会背景和生长环境。

除了基本的人性、异于常人的创造力和培养杰出人才的能力外，我们也许觉得超级老板之间根本没有太多共同之处。

三类人才教父：离经叛道者、了不起的混蛋、人生导师

但是，超级老板们确实存在一些共同特征。对他们进行了数年研究后，我将超级老板分为 3 个类型：离经叛道者、了不起的混蛋和人生导师。这 3 种超级老板在各行业中呈平均分布状态。类似于迈尔斯·戴维斯这样的超级老板就是"离经叛道者"。他们起初并不打算激励或教导别人，可最终还是在做这样的事情。他们最在意的是自己的工作和事业，对事业的执着追求使他们自然而然地成为一个成功的管理者。他们以出于本能的方式教导下属，而不是依靠自我意识或系统的方法。这种教导方式是他们个人强烈情感的衍生品。他们是超级老板中的艺术家，我们会毫不犹豫地将其视为创新天才。在我所研究过的超级老板当中，爱丽丝·沃特斯、乔治·卢卡斯、洛恩·迈克尔斯、拉尔夫·劳伦、约玛·帕努拉和罗伯特·诺伊斯（Robert Noyce）纷纷呈现出鲜明的"离经叛道者"的特征。他们的人生使命就是表达自己内心的想法，把他们所看、所听、所感、所悟传达予世人。年轻人喜欢聚集在这些"离经叛道者"的身边，学习

如何成为有创造力的艺术家。超级老板们也欢迎这些年轻人的到来，因为这有助于保持艺术的持久魅力。

迈尔斯·戴维斯将所有心思都放在音乐上。在那些光彩四溢的、近乎神奇的夜里，戴维斯和乐队成员们的默契配合是让他最快乐的事。"我们演奏出的音乐美妙无比，"在聊到他的第一次五重奏表演时他说，"那晚的演出效果实在是太好了，我为之兴奋不已，观众们也一样。"戴维斯的朋友昆西·特鲁普（Quincy Troupe）告诉我，戴维斯对音乐有一种近乎疯狂的痴迷。在佛教语中，这种痴迷被称为"初心"。他经常以全新的视角看待音乐，所以他能够永远敞开怀抱，接受各种可能性。而且他也把精力投放在乐队成员的持续成长上。"我要改变，"戴维斯说，"这就像是一种魔咒。"

才华横溢的青年乐手们围绕在戴维斯身边，渴望学会如何培养想象力和表达能力。戴维斯与这些青年乐手合作的主要目的并不是帮助他们提升，而是希望乐手们能帮他变得更优秀。"如果想成为一名伟大的音乐家并保持巅峰状态，你就要对新事物和当下正在发生的事情保持开放态度。"戴维斯说。

戴维斯从来不在意后辈们的事业成败。当人们把他誉为"顶尖爵士天才教父"时，他觉得这是一种荣幸，但也特别提到，这不是他刻意追求的成就。戴维斯当然不觉得自己有成为教父的必要，也不觉得提携像约翰·科尔特兰和赫比·汉考克这种后起之秀是一种义务。在他看来，这些乐手都是专业人士，他们有着自己独特的技能和想象力，在集体中找到合适的位置是他们自己的事。萨克斯手比尔·埃文斯（Bill Evans）得以在 22 岁时就与戴维斯同台演出。他回忆说："戴维斯不会告诉你演奏内容。他的职责就是组建乐队和创作他自己的音乐，你只是其中一个音符而已。如果你悟性高，你最好为自己选择合适的乐章，睁大双眼，学习一切你可以学习的东西。"

第二种超级老板被我称为"了不起的混蛋"。他们做任何事的目的都只是为了取得胜利，而不是培养下属。对"了不起的混蛋"来说，除了获胜，其他一切都毫无价值。这种超级老板会经常迫使员工加班到凌晨，当员工犯错时，他们会毫不留情地横加指责。这种简单粗暴的行为怎么能帮助别人呢？在我的《成功人士的七大陷阱》一书中，描述过那些令人生厌、屡遭失败的管理者，"了不起的混蛋"似乎符合这种管理者的形象。他们都自私、冷漠、让人讨厌，不同的是"了不起的混蛋"能培养才华横溢的人才。

"了不起的混蛋"身上有一些"了不起"的特质。他们知道，为了赢得胜利，手下必须有最优秀的员工和最出色的团队。他们也许是坚定的利己主义者，想为自己赢得名声和荣耀，但他们意识到一点：帮助周围的人取得成功，才是通往荣耀的唯一途径。于是，"了不起的混蛋"教下属如何赢得胜利，用胜利

来激励他们，促使他们不断提升。他们可能不关心员工的个人发展，令人意外的是他们也不在意团队中是否会涌现出明星员工，他们只需要从利己主义角度关心员工就够了。作为一名员工，你可能不喜欢"了不起的混蛋"，甚至还会在背后诅咒他，但你绝对会尊重他。因为"了不起的混蛋"能让你的事业蒸蒸日上，你会庆幸自己有机会为其效力。大多数有抱负的年轻人往往会被"了不起的混蛋"吸引。

拉里·埃里森、迈克尔·米尔肯、罗杰·科尔曼、邦妮·福勒(Bonnie Fuller)、朱利安·罗伯逊和杰伊·恰特等人身上都有"混蛋"特质，而身为甲骨文公司(Oracle)创始人的埃里森堪称"混蛋中的混蛋"，却也是公认的科技领域的顶尖人才培育专家。正如甲骨文老臣和Salesforce公司的高级主管史蒂夫·加内特(Steve Garnett)所说："硅谷几乎半数企业都是由甲骨文的前雇员管理的。"Salesforce公司的CEO马克·贝尼奥夫(Marc Benioff)、希柏系统软件公司(Siebel Systems)创始人兼前CEO汤姆·希柏(Tom Siebel)、易安信公司(EMC Corporation)常务副总裁哈里·尤(Harry You)及经验丰富的CEO兼董事会成员迈克·西斯霍尔斯(Mike Seashols)都曾为埃里森工作过。埃里森曾被《商业周刊》(*Business Week*)评为世界上竞争力最强人士之一。甲骨文公司一名前高管告诉我："他喜欢看到同伴失败，并乐在其中，这有点变态……但他就是这样的人。"

尽管埃里森经常强调团队精神的重要性，但事实上，他更多以胁迫手段来带领团队。就连埃里森自己也说："我发明了属于自己的管理方式——嘲笑式管理（Management by Ridicule）。"一位曾在甲骨文公司工作的高管这样评价埃里森的管理方式："我认为，埃里森非常善于通过阐述公司战略和公司发展方向来激励他人，但他的其他激励手段只不过是在利用人们的恐惧和贪婪之心。"

虽然埃里森的管理方式颇为强硬，可是在加快员工职业生涯发展方面，他有着无可争辩的本领。或者说，在某种程度上，正是因为这种强硬的管理方式，他才能推动员工职业发展。VERITAS 软件公司 CEO 盖瑞·布鲁姆（Gary Bloom）曾在甲骨文公司工作过很长一段时间，回忆起在那里的工作经历时，他说："甲骨文公司的很多员工都会被破格提拔到某个岗位，这比他们预想中要早很多年。"

大多数"了不起的混蛋"并不像埃里森那样蛮横无理，但他们似乎也不如我们期望的那般仁慈和善解人意。本书要讨论的不是仁慈或善解人意的老板，而是如何向门生提供激励、指引、创意并发现有助于其学习和成长的超级老板。别忘了，一个仁慈的老板不一定是一个好老板，也不一定是一个能加快员工事业发展的超级老板。

然而，与"离经叛道者"和"了不起的混蛋"不同，第三

迈尔斯·戴维斯

离经叛道型超级老板，痴迷于音乐，却又永远敞开怀抱接受各种可能性

迈尔斯·戴维斯,20世纪最有影响力的爵士乐大师之一。他总能引领新的音乐潮流,凭其扎实功底和探索精神获誉无数。他获得了9次格莱美大奖,多次被 *Downbeat* 杂志评为"最佳小号手"。

种超级老板非常关心门生是否能取得成功，并且为自己能够发掘他人天赋而感到骄傲。我之所以使用"人生导师"一词，是为了将这些超级老板与企业中常见的职业导师区分开来。大多数职业导师与那些涉世未深的年轻学员们并没有保持深入和紧密的关系。他们可能会偶尔见个面，提供一些有用的指点，或者私下帮助学员开展有益的交往，但也仅此而已。

人生导师是积极的老板，他们总是积极地与员工接触，不断地指引和教导他们，帮助他们攀登事业高峰。普通的职业导师会在凌晨 1∶00 和你商议一个重大项目吗？人生导师会这样做。普通的职业导师会在你需要的时候给予你准确的反馈信息吗？人生导师会这样做。普通的职业导师会坐在你面前花时间评价你工作中的琐碎问题，并给你一个聆听大师教诲的机会吗？人生导师会这样做。这种紧密、持续的接触和付出，让人生导师在其他人的成就中发挥着重要的作用。

这三种超级老板都是培养人才的高手。从人才培育的角度来看，虽然人生导师有点像"好好先生"，但与其他两种超级老板取得的成就不相伯仲。我们在本书中将要探讨的超级老板，多数是人生导师型的。包括比尔·沃尔什、迈克尔·迈尔斯、诺尔曼·布林克、托米·弗里斯特、玫琳·凯·艾施（Mary Kay Ash）、格雷格·波波维奇（Gregg Popovich）、大卫·斯文森、乔恩·斯图尔特和亚奇·诺尔曼（Archie Norman）等人。曾任

汉堡王餐饮经理的诺尔曼·布林克说过："我培养了很多人才。这些年来，我聘用过大约 140 万名员工。我一直看着他们成长，有的从厨房员工晋升为经理，然后又成为店长和公司高管。如今，全美大约有 18 家大型连锁餐厅的老板为我工作过。这实在是件激动人心的事情。我不想看到有人离开我的团队，但我很乐于看到员工向成功发起挑战。"

六组"超级"基因

寻找上述 3 种类型的超级老板是一个大开眼界的过程。随着研究的不断深入，我发现一些另类人群中也涌现出许多超级老板。我所找到的超级老板似乎能拼凑出一套完整的超级老板性格特征图。每种特征不会同时出现在每个超级老板身上，但值得注意的是，总体来说这些特征极其明显，它们就是成就超级老板的关键因素。

超级老板展现出的前两个共同特征是极度的自信和无所畏惧的勇气。他们几乎都相信"一切皆有可能"，并把无所畏惧的精神融入生活。拉里·埃里森喜欢参加帆船比赛，要知道这是一项极其危险的运动，许多参赛选手曾为之丧命；诺尔曼·布林克喜欢刺激而危险的马球运动，直到在运动过程险些发生意外，他才放弃了这项爱好；英特尔联合创始人罗伯特·诺伊斯玩得更出格：他开过飞机，爱好直升机滑雪，还是一名摩托车发烧友。据说他曾在季风时节的巴厘岛大街上飙车。他最喜欢的夹克衫上印着一行字：荣耀来自勇气。

除了极度自信和无所畏惧的勇气，好胜心也是所有超级老板拥有的重要共同特征。在研究超级老板的过程中，我能感受到他们对胜利的强烈渴求。他们热衷于竞争，总是在寻求和创造竞争环境。投资专家迈克尔·米尔肯曾在大学时期加入兄弟会，兄弟会成员都认为他太好斗。米尔肯的室友回忆："如果我们在宿舍里洗餐具，他总喜欢估算整个过程所需的时间，然后说他能比我们洗得更快。"罗伯特·诺伊斯在和自己孩子玩棒球时，也要确保自己第一个打出场外全垒打。"我那可怜的父亲总是控制不住自己，"诺伊斯的女儿佩妮说，"他总是全身心投入当下正在做的事情当中，并力求做到最好。"

超群的想象力是超级老板的第四个特征。这是他们进行创新的驱动力。超级老板都是有远见卓识之人，他们会先设想一个未来，然后全力以赴地把梦想变成现实。爱丽丝·沃特斯的一位门生告诉我："我觉得爱丽丝这一生都肩负着一个使命。当她进入食品行业时，她希望自己能为民众提供最健康的农产品。你在当地超市看到的每一袋新鲜蔬菜都得益于爱丽丝的贡献。她不但改变了人们对农产品的看法，也改变了畜牧养殖农场可持续化经营的理念。"

　　曾经在拉尔夫·劳伦手下担任营销主管的马蒂·斯塔夫（Marty Staff）对他的老板也有着类似的记忆："我记得，每次我和劳伦一起吃晚餐，我们从来不谈业务上的事情。我们会聊梦想，聊未来，聊还没有发生的事情。他会凭空想象一个场景，然后不断地往里面添加东西。比如去阿斯彭（Aspen）滑雪要带什么装备，开什么样的车，滑雪时是否需要戴太阳镜，会不会反光等。"

　　超级老板展现出的第五个共同特征则是诚信。这里的诚信并不等同于诚实，而是指坚守某种核心思想或自我意识。超级老板不会像某些领导者那样耍花样。与专横型老板不同，超级老板从始至终都忠于自我、忠于他们的信仰和价值观，不会为了满足自己的私欲而分神。音乐大师、维也纳夏季歌剧节的音乐总监查尔斯·普林斯（Charles Prince）告诉我："我的老板约玛·帕努拉根本不在乎音乐节的人流量，他只想尽全力做好音乐……他完全不关心人们的流言蜚语，只关心艺术，只关心自己作为乐队指挥应该做的工作。这种精神令人赞叹。"毫无疑问，约玛·帕努拉也是一位超级老板。即使是像埃里森这种为了赢得胜利而不择手段的领导者，也会忠于他自己的事业理想。从这个意义上讲，埃里森也表现出非比寻常的诚信度。

　　超级老板展现出的第六个，也是最后一个共同特征是真诚，这是第五个特征的自然延伸。许多领导者树立了一副处处为下属利益着想的形象，他们隐藏自己的真实性格，只有在远离办公室时才会显露真实的自我。超级老板不会这样做，在日常与他人打交道的过程中，他们会充分展现自身个性。美国医院有限公司（HCA）创始人托米·弗里斯特已经培养了几百位医院管理人员。位于田纳西州纳什维尔市的热心健康服务公司（Ardent Health Service）的董事长罗素·卡尔森（Russell Carson）说："只要看看这个行业，你就会发现，几乎每个人都在某个时候与托米有过交集。"

弗里斯特培养出来的门生包括质量数据管理公司（Quality Data Management）创始人吉恩·纳尔逊（Gene Nelson），美国行为中心（Behavioral Center of America）创始人、总裁兼CEO爱德华·斯塔克（Edward Stack），在美国多家医院担任首席药剂师并担任一家公司CEO的乔·费舍尔（Joe Fisher），还有世界医疗保健系统股份有限公司（World Healthcare Systems, Inc.）创始人、前董事长兼CEO西尔维斯特·里德（Sylvester Reeder）。曾经为弗里斯特工作过的员工和助手告诉我，弗里斯特是一个恋家的男人，他不会在同事面前隐藏这一点。HCA高级副总裁维克托·坎贝尔（Victor Campbell）告诉我，弗里斯特在去欧洲出差时，每天都要给他正在上大学的孩子写一封短信，然后寄回家："他与家人的关系非常密切，并为此而感到自豪，他希望跟家人保持这种亲密接触。"坎贝尔还记得，弗里斯特总

是很热衷于谈论家人："他可能会在下班前来到我的办公室，询问我儿子昨晚的橄榄球比赛结果如何。"

其他超级老板也是极其真诚之人，他们很坦荡，不仅在工作上，在生活中也是如此。在一次采访中，来自芬兰的乐队指挥阿特索·阿尔米拉（Atso Almila）告诉我，有一次，他和约玛·帕努拉在一家餐厅吃饭，餐厅正播放着音乐。帕努拉不喜欢缺乏精准度和激情的音乐，他问服务生是否能把音乐的音量调低点。服务生以"餐厅的一些顾客喜欢这首音乐"为由拒绝了帕努拉。"帕努拉不相信，"阿尔米拉说，"于是，他立刻站起来，对餐厅里所有人喊道：'有人想听这音乐吗？'看到没人回答，帕努拉转过头来对那位服务生说：'你看，并没有人想听，你可以把它关了。'"

超级老板无拘无束的个性，总给人们留下深刻的印象。人们喜欢用"独特""独一无二"，甚至"神秘"等词来形容他们。在谈到吉恩·罗伯茨时，一位新闻界从业人士说："作家吉姆·诺顿（Jim Naughton）说吉恩·罗伯茨是一个无法解释的人，这个评价简直精辟。《费城问询报》最辉煌的时期是在 20 世纪七八十年代。那时，除非你在《费城问询报》的新闻编辑室工作，否则你很难理解罗伯茨那些富有挑战性的、无所顾忌的做法，也无法理解报社里为什么会有骆驼。"而在谈到迈尔斯·戴维斯时，贝斯手戴维·霍兰德说："他所表现出的极强的专注力影响了每一个人。我们都被这种专注力吸引，这简直就像是一个漩涡，一旦你进入它的势力范围，就身不由己。"超级老板犀利、有趣、精力充沛，这都是因为他们从来不伪装自己。他们身上仿佛有一种独特的能量，当你追随这种人的时候，你也会被感染，不由充满活力。

独特且悖于常理的《实战手册》

我在本章开头曾提出了两个问题："这些超级老板是什么人？他们有何魅力？"现在，我将公布部分答案。世上没有完全相同的两个超级老板。他们来自不同的种族、不同的社会背景，大多还身处于不同的城市或国家，甚至连人生目标也不尽相同。尽管存在诸多差异，但他们身上也表现出一些共同点。超级老板都具有创造性和远见卓识，他们力求在竞争中赢得胜利；他们有主见，富有想象力，待人真诚；他们不一定会为你输送幸福、传递温暖，也不一定会因为办公室里突然出现的骆驼而大吃一惊；他们都全身心地投入到事业当中，并且对那些帮助自己取得成功的人负责。超级老板们的一言一行都忠于他们的事业和同事。

超级老板不仅能帮助他人取得成功。凭借无与伦比的人才培养能力，他们还成就了不俗的事业和人生。比尔·沃尔什

三度带队获得超级碗冠军；拉尔夫·劳伦成为了亿万富豪，到2015 年，他的个人财富累积达 70 亿美元；在迈尔斯·戴维斯的65 年生命历程中，他曾获 3 次格莱美名人堂奖和 1 次格莱美终身成就奖；到 2015 年为止，拉里·埃里森已经累积了超过 540 亿美元的资产，在世界富豪排行榜上位列第 5。

仔细想想，超级老板们取得这样的成就多么非同寻常。此刻，你可能正在审视自己的职业生涯，并开始用不同的方式看待问题。也许你在想：我所效力的领导到底是不是超级老板？如果还不是，他们是否展现出了一些令人信服的特质，会在以后成为人才培育专家？在我所处的行业中，还有哪些有影响力的人物培养过如此多的人才？我是一个超级老板吗？如果不是，我如何配得上这一称号？我是否激励身边的人，让他们聚焦于完全有可能实现的梦想？

在研究超级老板的过程中，一些问题从一开始就给予我能量：如何才能解释超级老板效应？我们可以从超级老板那里学到什么？超级老板到底做了哪些事情？我们有可能取得接近他们的成就吗？撇开超级老板之间各种明显的个体差异，我们发现他们真正的共同点在于行动力。超级老板们之所以能取得看似高不可及的成就，是因为他们没有采用其他老板的方式聘用、激励、培养或解雇员工。他们有着独特且通常是悖于常理的行为方式，而这些行为方式好比一本清晰的、强大的实战手册，让他们能够帮助别人成长。归根结底，超级老板成功的最大秘诀不在于他们是谁，而在于他们做了什么事情。

虽然超级老板的行动力和行为方式通常是自发的，但任何人都能学习和借鉴这些做法，改善培养人才的方式。超级老板的许多行为与绝大多数个人和组织的做法背道而驰，但我们不必生搬硬套。我们要做的事情就是敞开心扉，主动去改变习惯做法，纠正我们自以为是的管理、影响下属的方式。

企业为了生存和发展，迫切地想要培养世界级人才，然而一项又一项研究表明，管理者最不擅长帮助员工发展。现在，是时候从不同角度去思考这个问题，用不同方法去做一些事情了。假使你得以学习比尔·沃尔什的实战手册，或者有机会使用爱丽丝·沃特斯、吉恩·罗伯茨或者其他十多位超级老板的实战手册，那岂不是一件美事？

后续章节正是给我们提供了一个学习超级老板实战手册的机会。从中我们可以看到，那些培养了世界上最杰出人才的超级老板有哪些习性和惯常做法。在下一章，我们要解决一个让如今诸多企业困惑不已的问题：我们应如何吸引、筛选和雇用未经雕琢的顶尖人才？

第 2 章
超级老板的另类"结盟"原则

SUPER
BOSSES

HOW EXCEPTIONAL LEADERS
MASTER THE FLOW OF TALENT

爱丽丝·沃特斯

离经叛道型超级老板，美国餐饮界教母，坚持"有机食材"40 年

　　爱丽丝·沃特斯，厨师、作家，奉行只采用当季最新鲜的有机食材的烹饪哲学，在加州伯克利创办了潘尼斯之家餐厅（Chez Panisse）。1992 年，爱丽丝·沃特斯成为首位获得詹姆斯·比尔德奖（被誉为美食界的奥斯卡）的女厨师。2007 年荣获英国《餐厅》报业集团下《世界五十佳餐厅》杂志颁发的"终身成就奖"。

假设你正准备参加一场面试，打算应聘一个非高层管理职
位。在你等候面试的时候，有个人一屁股坐在你身旁。"你是来
找工作的吗？"他问道。你转头发现他居然是这家公司极富传
奇色彩的领导人。你目瞪口呆地坐在那里，嘴里说不出话来，
只能机械地点点头。他提出关于这一行业所面临的较有挑战性
的问题。你强迫自己集中精神，在脑海中快速地为这一问题搜
索答案、整理思路。他要求你详细描述自己的想法，于是你
一一道出脑中的答案。他指出了你答案中的薄弱环节，你同意
他的看法，但还是向他解释了其中的原因。

随着对话的深入，你开始沉浸其中，几乎忘了问对方的身份。
这场对话不时地以一种意料之外的方式偏离轨道，他会问一些
几乎毫无关联的问题，比如你的个人品味、青少年时代的趣事、

兴趣爱好等，但接下来，他又把话题引回到当前的主题。你总是被问得手忙脚乱，不知如何正确地作答。但他对你所说的每一件事都饶有兴致，你似乎不得不"享受"这种受人摆布的感觉。在毫无征兆的情况下，这位传奇人物突然起身，对你说："我得走了。稍后人力资源部给你打电话，你就说我已经聘用你了。"

是不是觉得很莫名其妙？在这个场景中，那个人并没有翻阅你的简历，他不想了解你的工作经验或学历，也没有问你的求职意向或薪资要求，更没有说他聘请你做什么工作，而你对他最近感兴趣的某个问题的看法，似乎才是他最关心的。除此之外，他只随机地问了几个问题。

这样看似任性、随意的招聘方式如何能起作用？它与专业招聘人员所了解和所做的每一件事都背道而驰。面试应聘者是一个乏味、单调、费时的过程，根本用不上一个行业传奇人物的独特技能。企业高管不应该把时间浪费在聘用低级别员工这种事情上。再者，人力资源专家已经把招聘流程化和规范化，他们有着一整套完善的方法和技巧，包括如何遴选和测试候选人、分析候选人的就业经历和工作经验以及评估其个性和工作风格等。人力资源专家们所做的每一件事都是有计划、有步骤和有指向的，他们制订的流程使招聘工作免去了臆测的麻烦。在现代人力资源管理中，招聘人员不需要也不应该对应聘者进行个人判断。

如果你问超级老板是否会在招聘过程中加入个人判断，你也许会得到否定的答案。超级老板可能偏爱那些拥有高学历和认证资质的应聘者，偶尔也运用一些人力资源专家常用的测试方法和心理评估手段。另外，他们还会使用一种更具创意的人才物色方式。超级老板可能从未考虑过招聘那些有丰富工作经验、并且可能永远从事相同工作的员工。如果一名应聘者的条件完全符合某种传统招聘标准，超级老板十有八九会忽视这一标准，因为他们喜欢独辟蹊径，在最不可思议的地方找到最有潜质的员工。被超级老板物色到的员工与众不同，他们敬业、才华横溢、富有创造力，这些特质是他们未来成为明星员工的必备条件。

时间倒退到 1993 年 7 月的某个周日。旧金山湾区一家高级餐厅的厨房内灯火通明。虽然餐厅周日歇业，但一位身材纤细高挑、留着褐色长马尾辫的女厨师正站在一台不锈钢商用炉灶旁边忙碌着。水蒸气从发着"咝咝"声的汤锅里冒出来；拔丝水果的甜香味充斥着整个厨房。这位厨师的前额满是汗珠，从早上 5：00 开始，她就在厨房里忙着洗菜、切菜、准备酱料。

在离炉灶不远的地方，一群人围坐在一张精心布置的餐桌旁，桌上摆放着精致的银制餐具、考究的餐巾、还有刚刚剪下来的鲜花。他们一边看着厨师忙前忙后，一边品尝着她做的第一道菜：意式兔肉馄饨，还不时地抿一小口来自法国马贡产区、

冰镇得恰到好处的红酒。宾客们心情愉快，似乎很享受这一用餐氛围。厨师一边做第二道菜——烤剑鱼配香草酱拌白瓜，一边转头向宾客们描述她所选用的食材和运用的烹饪技巧。宾客们认真地听着，并研究她是如何翻动烤鱼的。他们还不知道，在第二道菜之后，这位女厨师还要给他们上一份甜点——搭配戈贡佐拉干酪的法式梨饼。

也许你觉得这只是女厨师为了取悦宾客，让他们成为餐厅回头客而开办的一场美食鉴赏会。事实并不是这样，在场的宾客并非常人，这位女厨师也并非餐厅的主厨，甚至也不是餐厅的正式员工。为了正式成为该餐厅厨师队伍的一员，好几个星期以来，她一直不计报酬地在厨房里干活。很显然，她干得很好，因为她走到了最后一关——被邀请到餐厅做一顿午餐。这是迄今为止她职业生涯中最为重要的一顿午餐。

女厨师名叫梅丽莎·凯莉（Melissa Kelly），她工作的餐厅正是大名鼎鼎的潘尼斯之家。梅丽莎至今仍记得，在潘尼斯之家做的这顿午餐是一项"艰巨的任务"。到场品尝美食的宾客有潘尼斯之家的老板爱丽丝·沃特斯、餐厅调酒师史蒂芬·辛格（Stephen Singer）（沃特斯的丈夫）、糕点师林赛·希尔（Lindsey Shere）、餐厅二楼咖啡厅的厨师吉尔伯特·皮尔格拉姆（Gilbert Pilgram），他现在是旧金山祖尼咖啡馆的老板，以及佩琪·史密斯（Peggy Smith），她后来成为"牛仔妹乳酪店"的联合创始人，还有餐厅一楼的高级厨师让 - 皮埃尔·穆勒（Jean-Pierre Mulle）和凯瑟琳·布兰德尔（Catherine Brandel）。

在美国餐饮界，这些都是响当当的名字。对梅丽莎来说，他们在百忙之中抽时间来品尝自己的独创菜品，既是美梦成真的一刻，也是一件相当可怕的事情。如果她通过这次测试，意味着获得认可，可以和精英中的精英共事，并且有机会在一位具有传奇色彩的美食创新者身边磨炼技艺。

―――――SUPER BOSSES―――――

被超级老板物色到的员工与众不同，他们敬业、才华横溢、富有创造力，这些特质是他们未来成为明星员工的必备条件。

梅丽莎也不是什么菜鸟。她毕业于美国烹饪学院（Culinery Institute of America），在搬到加州前，她曾在西弗吉尼亚、纽约和迈阿密等地工作。在纽约，她曾担任过多个高级职位，还为赫赫有名的大厨拉里·佛吉欧尼（Larry Forgione）工作过。她回忆说："尽管有着这样的履历，但我当时还是非常的紧张。"根据要求，梅丽莎必须亲自写菜单、买配料、选红酒、布置餐桌、做菜和上菜。每当她做好一道菜并端上餐桌时，她还要巧妙地向来宾介绍这道菜。做完整顿午餐之后，她还要与沃特斯

及其团队坐在一起，接受他们直白的评价。宾客们要一个一个地对凯莉的厨艺发表意见。梅丽莎告诉我："这是一次难忘的经历，虽然我有丰富的烹饪经验，可是跟坐在那里的高手比起来，我觉得自己就像一个小杂役。对我而言，这是一次绝佳的表现自我的机会。"

为了给沃特斯留下深刻印象，梅丽莎提前几天就开始为这顿午餐写菜谱、在菜市场里寻找上等配料。这一切努力最终得到了回报，梅丽莎最终进入了潘尼斯之家。在潘尼斯之家度过了充实的、充满活力的 6 个月后，梅丽莎获得了来自美国东海岸一个极具吸引力的工作机会。进入潘尼斯之家后，梅丽莎与沃特斯这位超级老板的短暂合作让她受益匪浅（由于与超级老板频繁接触，因此，就算跟她短时间合作，也能获得丰厚回报），她很快便在业界打响了名声。

1999 年，梅丽莎获得"詹姆斯·比尔德东北区域最佳厨师奖"。此后，她在缅因州、佛罗里达州和亚利桑那州等创办了属于自己的连锁餐厅。这些名声斐然的餐厅名叫"普利莫餐厅"（Primo），它们提供新鲜的食材，由本地厨师主厨，坚持"从农场到餐桌"的绿色烹饪理念。2013 年，梅丽莎再次获得"詹姆斯·比尔德东北区域最佳厨师奖"，成为历史上首位两度获得该奖项的厨师。

如今，梅丽莎将在潘尼斯之家的工作经历视为个人职业生涯的转折点。从那时起，她开始成为一名真正的厨师。"刚进入潘尼斯之家时，我根本没有自己的烹饪风格，"梅丽莎在普利莫餐厅的官网上写道，"但在离开潘尼斯之家时，我已经找到了自己的烹饪风格，那就是简约、时令、新鲜。"谈到她亲自创立的餐厅，梅丽莎说："我觉得自己正在从潘尼斯之家接过火炬。"

悟性：最受青睐的特质

很明显，梅丽莎身上拥有每一个超级老板都在寻找的某种特质。而沃特斯拥有灵敏的嗅觉，能够"嗅出"梅丽莎身上这种特质。在每一个行业中，超级老板都会寻找员工身上与众不同的特质，而这些特质往往被大多数普通管理者所忽略。比起那些只会在测试中得高分的应聘者，超级老板更想聘请拥有无可置疑的特殊才能的应聘者。如果超级老板发现一名应聘者貌似拥有他想要的某种特质，他就会毫不犹豫聘请他，甚至完全否决人力资源专家的意见。超级老板对于明星员工的渴求凌驾于其他任何事物之上。

企业对特殊人才的渴求比表面看起来更强烈。几乎所有企业高管（尤其是人力资源主管）都会告诉你，他们想招聘那些非常有才华、聪明、善于领导团队、各方面都很优秀的员工，但这与超级老板的需求并不契合。超级老板要招的不是很有才

和很聪明的人，而是极其有才和极其聪明的员工；他们要招的不是平庸的领导者，而是能够推动变革的掌舵人；他们要招的不是最有可能成功的员工，而是准备好改变成功定义之人。

超级老板所寻找的这种特质很难用具体语言表达。经过一次技术讨论之后，拉里·埃里森决定，在为某个项目招聘人员时，他首先得断定这个人是否"有悟性"（get it）；吉恩·罗伯茨也会先考察候选人是否拥有与职位匹配的工作技能；拉尔夫·劳伦将一名时装模特提拔为女装设计部主管，就是因为她似乎"很有悟性"，在时装设计方面有天赋。大多数超级老板在选择关键岗位人选时，只看重他们在多大程度上"懂得"超级老板想做的事。

那么，"悟性"到底是指什么呢？实际上，所有超级老板在候选人身上寻找的都是与众不同的智慧。诺尔曼·布林克认为，经营一家餐饮连锁店最重要的一项工作就是聘请最聪明的员工；拉尔夫·劳伦喜欢有时尚智慧的人，他希望手下的员工，甚至是最不起眼的角色也要有时尚观念；洛恩·迈克尔斯一直重复他的规矩："如果你环顾四周，发现自己是那里最聪明那个人，那你就走错地方了；如果觉得'天哪，这些人太了不起了'，那么你可能就来对地方了。"其实，所有超级老板都希望身边的每个人都聪明绝顶。他们会采用非常规面试技巧，在试用期近距离观察，以发现那些拥有聪明头脑的应聘者。

"悟性"的第二个要素是创造力。超级老板不需要和他们想法一样的员工，而是需要能运用创造性思维解决问题的人。他们渴求那些能够用独创思路取得一些实际成果、懂得创造性地运用自身知识的员工。当超级老板与应聘者交谈时，他们会特别留心这些人的想法。正因如此，诸如诺尔曼·布林克、拉里·埃里森和罗杰·科尔曼等超级老板在面试时都会专注地倾听对方的发言，以便及时发现一些新信息。这一面试侧重点早已为众人所熟知。

超级老板的门生们纷纷表示，在招聘过程中，虽然超级老板对员工创造力的重视可能会以不同形式表现出来，但他们通常毫不掩饰这种重视。李·克劳（Lee Clow）是广告大亨杰伊·恰特最亲密的伙伴之一，也是著名的《1984》创意广告片①的共同创作者。克劳强调："恰特不会聘请那些经历平淡无奇之人，他要找的是能够以创造性方式做事的员工。"

克劳本人就是一个不折不扣的创新者。他策划了一场古怪却极具创意的广告活动，目的就是为了让恰特雇用他。克劳设计了整个求职方案，他亲自撰写广告语，找人做了汽车保险杠贴纸和 T 恤衫。然后给恰特公司发邮件和打电话，并不断地向

---

① 苹果公司为宣传麦金塔电脑所制作的广告，首播于 1984 年 1 月 22 日 "超级碗"大赛，该广告片一经播出便引起了全美国的轰动，被誉为苹果公司史上最具创意的广告。——译者注

其公司发在线留言。最终，他在恰特的公司谋得了一份工作。如果这次广告活动没有同时展示出相当高的品质和创新性，克劳就得不到心仪的工作。

"懂行"的第三个要素就是高度的适应性。虽然超级老板通常会聘请那些拥有特定专长的人，但他们一般对只擅长做一件事情的人才并不感兴趣。他们希望找到那种能够解决多种问题的优秀员工。诺尔曼·布林克认为，优秀的员工能够胜任任何职位。他的一位同事借用棒球运动来比喻布林克的用人态度："说到聘请员工，不妨打个比方。诺尔曼不太喜欢找那些打一垒的选手，他只想找一个能胜任任何位置的优秀棒球手。"虽然吉恩·罗伯茨会培养员工在某一领域内的专长，但他认为，每一个为他工作的新闻记者和专栏作家都应该能报道任何题材的突发事件。

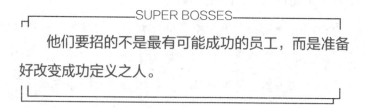

SUPER BOSSES

他们要招的不是最有可能成功的员工，而是准备好改变成功定义之人。

超级老板经常给新员工分配一些与他们工作经历、资质无关的工作，以强调自己对员工适应性的重视。房地产业巨头比尔·桑德斯让员工定期在公司的不同部门轮岗；吉恩·罗伯茨会把负责连环画的编辑调走，让他做专栏作家，或者让体育专栏记者去报道政治新闻；罗杰·科尔曼经常抽调人手去填补影视制作职位的空缺，而他当初并不是请这些人来拍电影的，比如杰克·尼克尔森在科尔曼手下既当过编剧，也做过导演。可见，超级老板会把员工培养成"多面手"。

超级老板只想招募最聪明、最具创造力和适应性的员工，这种要求让人很吃惊。和许多超级老板一样，比尔·桑德斯认为："如果你要聘请某个人，一定要确保他们是非常优秀的人才，否则就不要招聘任何人。"埃里森要求招聘人员问应聘者这样一个问题："在你所认识的人当中，你是最聪明的那个人吗？"如果他们回答"是"，他们就有可能进入下一轮面试；如果他们的答案是"不"，招聘人员就会问他们："那谁是最聪明的人？"然后面试就此结束，招聘人员会联系那些比他们聪明的人。

运用人类学原理发掘"明日之星"

对于超级老板而言，招到心仪的人才并非一件容易的事。他们必须冒险，去尝试选择那些有着不寻常背景和资质的人。沃特斯为潘尼斯之家聘请的第一位厨师是一名没受过任何烹饪培训的哲学本科毕业生。虽然缺乏经验，但她试做的那顿饭和她跟沃特斯之间的对话却拥有极强的说服力，让沃特斯知道她

很"有悟性";科尔曼也敢于聘请毫无相关经验的演员、导演、制片人;沃尔什则为他的教练组聘请过一名除了执教过高中橄榄球队之外并无其他经验的教练。

按理说,科技行业的超级老板对员工的聘用标准更严格,而他们居然也像创意行业的超级老板那样喜欢"不拘一格降人才"。拉里·埃里森不需要拥有多个高等学位的人,反而喜欢聘用从大学辍学的员工,因为他觉得这种学生身上展现出了一种难能可贵的独立性,而埃里森本人就是个辍学生。对于埃里森而言,员工过去的资历微不足道。与应聘者的其他表现相比,埃里森会特别关注其曾做过的一些看似特别困难的事情。"在招聘员工的时候,"埃里森说,"我们要找那些在数学、物理和音乐(音乐与数学是关联度很高的两个学科)方面极具天赋之人,但我们也欢迎那些知道如何合理运用时间的求职者。"埃里森认为,如果新员工拥有足够的天赋,他们会主动接受新挑战。

在物色新员工的过程中,许多超级老板会尽量寻找被其他企业忽略的群体。比尔·沃尔什在 NFL 中启动了一个少数族裔教练实习项目,以便让参与者迅速融入到大联盟中。这一项目也给了他从数量庞大的人才库中挖掘新教练的机会。杰伊·恰特是广告行业中最早定期聘用女性和少数族裔人士担任创意岗位的人士之一。他之所以这样做,并不是为了实现更伟大的社会平等,而是因为他将这些群体视为产生明星员工的源泉。

　　超级老板在招聘过程中往往也极其随意。当发现了优秀人才，他们不会拘泥于时间和形式，立刻把其纳入麾下。有时，很多超级老板招回来的员工不是其最初想要的类型，但这也会有意外的收获。有一次，比尔·沃尔什到堪萨斯州去签一名非常有潜质的四分卫，但这名球员的接球手室友却引起了沃尔什的注意，因为他在四分卫展示投球技术时接到了球。于是，尽管沃尔什的球探提出了反对意见，但沃尔什还是没有签下四分卫，而是把工作合同给了这名接球手，他就是后来成为 49 人队传奇球员的德怀特·克拉克（Dwight Clark）。

　　为了进一步甄选能力出众的员工，超级老板会经常使用一些另类的面试手段。拉尔夫·劳伦经常在不看简历的情况下就决定是否聘用某个设计师；吉恩·罗伯茨和洛恩·迈克尔斯在面试过程中会长时间一言不发，面试者为了打破沉默，不得不说一些他们本来不想坦白的事情；和其他制片人不同，科尔曼不会采用试镜的方式为自己的电影挑选角色。他会直接面试候选人，并在面试过程中采用很多技巧。其中一种技巧就是要求候选人对影片中的某个场景发表看法，然后两人就此场景进行辩论。

　　超级老板使用的面试技巧有点类似于人类学家所使用的观测研究法。当迈尔斯·戴维斯对赫比·汉考克感兴趣时，他连续两三天把汉考克带到自家的地下室，介绍给其他两位音乐家

认识，并建议他们一起演奏音乐。演奏完后他们便各自回家。在汉考克和其他两位音乐家一起演奏的过程中，戴维斯通过家用通讯系统来收听他们的奏乐。当他感觉自己听够了，就来到地下室，亲自和他们演奏几首曲子，并邀请汉考克担任乐团新的钢琴师。

我们再想想在房地产大亨比尔·桑德斯带领下形成的"超级星期六"（Super Saturday）传统。他会把最终入围的 30 名应聘者（这些人通常拥有 MBA 学位）带到新墨西哥州的圣塔菲市，并在早上对他们进行面试，然后前往位于郊外山脚下的桑德斯私人牧场，在那里进行长途徒步旅行。曾在桑德斯的安全资本集团（Security Capital Group）担任总经理的康斯坦斯·摩尔回忆说："我们会把这些小后生带到海拔两千多米地方，在那里和他们聊天。一天行程结束后，他们通常会累得半死。我们则会逐一讨论每一名候选人，找出最适合我们团队的人。"

超级老板会考验应聘者在面对突发情况时的反应。当求职者准备参加杰伊·恰特的面试时，有些好心的经理常提醒他们："请预先想好一些古怪或意想不到的事情，看看他能不能吓到你。"爱丽丝·沃特斯会在面试开始时询问求职者最近在看什么书，而不是直接开始谈与餐厅工作有关的话题；埃里森则直接用他当下感兴趣的话题为切入点，对求职者进行提问。

一旦超级老板发现了一个人真的具有他青睐的"某种特质"，

他就会发动猛烈的攻势，对人才追逐到底。比尔·桑德斯从发现让他感兴趣的应聘者那一刻起，无论是深更半夜还是在圣诞节，他都会亲自给对方打电话。吉恩·罗伯茨曾授权招聘主管给他想聘用的专栏女作家送一件礼物——一辆蓝色的福特野马汽车。尽管如此，那位女作家还是拒绝了罗伯茨的工作邀请，但他仍然把车送给了对方。

卡夫食品公司的人力资源主管约翰·塔克回忆说，迈克尔·迈尔斯在掌管卡夫食品时，很想聘请后来的吉列公司 CEO 吉姆·基尔茨（Jim Kilts），他的招聘人员甚至每隔几个月就给基尔茨的妻子打电话，想让她帮忙说服基尔茨加入卡夫公司。对超级老板来说，招聘优秀员工是一件优先级最高的事，值得付出大量时间和努力。

"去威胁感"的力量

尽管大多数管理者摆出一副求才若渴的样子，但事实上他们并不喜欢顶尖人才，因为如果下属比他们更能理解手上工作的性质和要求，那他们在管理的过程中就会觉得很不自在（或有一种危机感）。对于下属提出的富有建设性和创意性提议，他们会不知如何回应。他们总担心才华四溢的员工会功高盖主，害怕被其取而代之。于是，大多数管理者会下意识地选择不那

拉里·埃里森

了不起的混蛋型超级老板，没有人喜欢他，但没有人不佩服他

拉里·埃里森，全球第二大软件公司甲骨文公司的创始人。在创建数据库公司后，他凭借极佳的预判前瞻能力，利用IBM"史无前例"的错误，卖出来"还不存在"的数据库产品，成为新商业领域的弄潮儿。他是硅谷"坏小子"，酷爱冒险、喜欢享受、狂妄自大。美国知名财经媒体CNBC将他列入"过去25年来对商业最具影响力的25大人物"之一。

么优秀的应聘者，因为这种人更容易管理。他们不但不承认自己的自私，还把这些非顶尖员工形容为一流人才，并将潜在的一流人才污蔑为怪胎。

盛气凌人、自以为是的专横型老板就是这种管理者的极端代表。专横型老板最不能忍受他人的技能或天赋在自己之上。至少从电视上看，唐纳德·特朗普就是那种喜欢被人前呼后拥、以别人的渺小来衬托自己伟大的人。如果有人在他面前做出任何令人印象深刻的事情，他就要贬低这件事；而只要有员工表现出一丁点真正的创造力，他就弃之如敝屣。如果让他与那些可能抢他风头的人合作，那简直会要了他的老命。

超级老板就不存在这些问题。他们非常自信，完全不会因下属无与伦比的智慧、稀奇古怪的创意和坚强的个性而感觉受到了威胁；他们毫不在意别人抢风头，也不介意下属比自己优秀，这可能是因为他们不太相信有人会比他们更优秀。坊间流传着这样一个关于拉里·埃里森的笑话："上帝与拉里·埃里森的区别在哪里？答案是上帝知道自己不是拉里·埃里森。"虽然有些超级老板表面上显得很随和，但这个笑话的确适用于任何一位超级老板。

超级老板们都觉得自己效率奇高，而且在自己擅长的领域能够呼风唤雨。他们的地位不是建立在任何世俗的事物（比如金钱、权力）之上；他们具有强烈的自我意识，不会因他人水

平的高低而感到不安。其实他们非常享受被新员工挑战的感觉，而当这种挑战是以真知灼见为基础时，那就再好不过了。如果有机会提升自己的理解水平、把事情做得更好，或者想到一个更好的解决方案，那么这一机会对超级老板来说拥有无法抗拒的吸引力。

约翰·格里芬（John Griffin）曾是朱利安·罗伯逊掌管老虎基金管理公司时的二把手，如今在蓝山资本公司（Blue Ridge Capital）管理着属于他的基金。格里芬回忆说："作为对冲基金界传奇人物，罗伯逊非常渴望新想法，就像是一棵在高喊着'给我食物'的食蝇草。罗伯逊喜欢聘用那些敢于追逐缥缈的梦想，经常以自由的、与众不同的新角度看待问题的员工。"

拉里·埃里森说："对于那些受内心驱动力鼓舞的员工，我为他们感到自豪。因为他们会经常质疑我的想法，而且丝毫不怕挑战我。我希望他们能让我远离错误。"尽管埃里森与某些质疑他判断力的甲骨文高管有过争吵，但他似乎很喜欢这种互动方式。因为只有在下属愿意跟他争论的情况下，才有可能产生这样的情况。超级老板赏识非凡之才，不仅因为这种人才能造福公司，还因为他们能给公司带来真正的活力。

大多数超级老板都会为自己的包容之心而骄傲，他们也希望公众了解自己的包容心，这有利于让天下英才尽为其所用。诺尔曼·布林克一直在公开物色比他见识更广的高管；比尔·桑德斯喜欢谈论"我聘请了多少比我聪明百倍的员工"这种话题。看到手下员工变得出类拔萃,超级老板会认为自己领导有方。如果他们的员工因才华过人而广受好评,那他们就更容易聘请到类似的优秀人才。

以人定岗,而不是以岗定人

　　超级老板极度自信,他们认为只有自己能与能力超群的人合作。这意味着在他们身边工作,你总有功成名就的机会。当下属一跃成为行业新星时,最高兴的人通常是超级老板。"了不起的混蛋"多少有点另类,因为他们有时会将一步步晋升上来的明星员工视为竞争对手,恨不得解雇这些人。这种超级老板被大多数高管视为煞星,但即便如此,"了不起的混蛋"最终还是会理智地把明星员工留在身边。

　　还有些超级老板似乎从不会因员工的成就而感觉受到威胁。迈尔斯·戴维斯早在约翰·科尔特兰成名之前就已经聘用他了,但不久之后,爵士乐迷和同时代的音乐家开始推崇科尔特兰。戴维斯很快就意识到,跟自己的成名经历一样,科尔特兰正在成为一颗冉冉升起的新星,他并没有觉得自己地位受到了冲击,反而感到欢欣鼓舞。

　　事实上,戴维斯对科尔特兰欣赏有加。尽管科尔特兰有漫

长的吸毒史，但在 1955 ～ 1957 年，戴维斯还是让科尔特兰留在乐团中（戴维斯在这段时间没有吸毒）。1957 年，戴维斯解雇了科尔特兰，次年又重新聘用他，与其继续同台演出了两年。物色明星员工，并从他们的成就中获得乐趣，这是超级老板的典型特征。此外，由于他们希望大多数下属成为明星人物，所以他们通常会容忍下属的个人问题、怪癖和自负心理。罗杰·科尔曼会聘用他认为极具潜质的年轻演员、编剧和导演，纵使这些年轻人有些傲慢自大。

超级老板不但渴望培养未来明星，而且会向那些已成名的同行抛出橄榄枝。吉恩·罗伯茨曾试图聘请一些有名气的新闻记者，而这些记者当时正在更有声望的刊物工作，且薪水也比罗伯茨的报价高。罗伯茨自认为那些记者会对这个为他效力的良机垂涎欲滴，而事实往往也证明了他的判断是正确的。

爱丽丝·沃特斯曾邀请包括雅克·贝潘（Jaques Pepin）和托马斯·凯勒（Thomas Keller）在内的世界名厨以客座厨师的身份加盟她的餐厅。她认为他们会珍惜这个互动和学习的机会，而很多厨师也确实很珍惜这一难得的机会。还有像爱普莉尔·布隆菲尔德（April Bloomfield）这样的英国名厨，先是在潘尼斯之家工作了一个夏季，学习美式烹饪技法，然后在纽约开了第一家属于她的餐厅。在马克·赫德（Mark Hurd）辞去惠普公司的 CEO 职务后，拉里·埃里森便趁机将其纳入麾下。尽管大多数超级老板擅长培养新星，但他们招揽已成名人才的本领也让人刮目相看。

超级老板有强大的自信心，能够让新进人才在组织里充分发挥潜能。对参与人才管理的绝大多数人而言，这是一种完全不成立的因果关系。对超级老板而言，每一名优秀的新员工都可能为企业带来一次创造价值的新机遇，若企业没能使新员工充分发挥潜能，那它就没有真正抓住这个机遇。

为此，超级老板必须要以人定岗，而不是以岗定人。拉尔夫·劳伦曾在纽约的一家汉堡餐厅聘请了一位名为维吉妮娅·维特贝克（Virginia Witbeck）的美女。劳伦认为维吉妮娅是有个性的人。当时，他为维吉妮娅的衣着搭配所吸引：她上身穿一件男士夹克和由旧裘皮短大衣改成的坎肩、下身搭配一条旧灯芯绒裤子。对劳伦来说，维吉妮娅带着一种非凡气质，他想听听她对时尚的真实想法。最终，她成为劳伦的创意源泉，在劳伦的设计部工作了 4 年，没有任何正式头衔。劳伦也从来没有规定过她的工作职责。

─────SUPER BOSSES─────
超级老板必须要以人定岗，而不是以岗定人。

对某些超级老板而言，让新员工来定义他们自己的工作几

乎是一种理所当然的做法。沃特斯的 位厨师谈到在潘尼斯之家的工作经历时说："从加入餐厅那一刻起，你就像是……发明了一项工作。"在工业光魔公司（Industrial Light and Magic），乔治·卢卡斯甚至没有给员工制订岗位职责说明，公司会根据不同项目的需求和现有资源给员工分配任务。

洛恩·迈克尔斯会根据乐团成员的想法和能力，不断地调整，提高演出效果。在这种模式下，每个人的身份是不断变化的。比如在罗杰·科尔曼的剧组里，编剧有时候会成为演员，而演员或助理导演有时候会成为编剧。一般而言，想充分发挥人才的潜能，超级老板就必须要具备极强的适应力，并且愿意在一定程度上放权。有魄力正是超级老板的性格标签。

为了发挥员工潜能，超级老板对组织的改造程度往往是惊人的。比如，为让一名刚加入团队的业务企划专家大展拳脚，杰伊·恰特重组了自己的整个广告公司。为了充分利用运动员的独特天赋，比尔·沃尔什改变了整支球队打橄榄球的方式：他让球员按自己的能力选定场上位置，而不是被动执行教练的比赛要求；他希望教练员通过写战术手册的方式熟悉球队阵容。

还有些超级老板甚至会更大胆地放权。迈尔斯·戴维斯会让像约翰·科尔特兰和赫比·汉考克这样的新成员带领乐队朝一种全新的艺术方向发展，从而吸收多元化的音乐传统和创意。而这些新成员的确给乐队带来了仅靠戴维斯一个人无法实现的新变化。对戴维斯这位爵士乐大师来说，这正是他想要的效果。

人才离职≠人才流失

　　由于超级老板将提高企业商业价值的赌注压在能力出众的新员工身上，所以即使新员工不适合现有岗位，他们也不会轻易放任人才离开。相反，超级老板通常会给新员工一试身手的机会。若这名新员工的业绩确实不尽如人意，那么，超级老板会毫不犹豫地将其调岗或辞退。但这种试用员工的做法会产生过高的员工流失率。

　　埃里森承认，他招聘员工的方式导致员工流失率或换岗率过高，但他也表示，如果要组建最优秀的团队，这样的高流失率是无法避免的；罗伯茨向他的主编们建议：假如业绩不佳的员工提出辞职，那就马上接受他们的辞呈，让他们迅速离开报社；科尔曼更加善于解释员工的高离职率，他说："如果各大电影公司向我的员工提供高薪职位，而员工却不离开我的公司，那就说明我聘用的员工不够优秀。"沃特斯认为，很多人在她餐厅只工作 3 个月，而名厨可能只待一周，她已经将这种现象视为餐厅的特色；卢卡斯则认为，当他的员工掌握了熟练的技能时，他们当中的很多人都可以离开公司，将这些技能用在他们自己的新项目上。

对员工的跳槽泰然处之，是超级老板规划发展的重要手段。对人力资源专家而言，如果新员工在上岗后又迅速离职，那是他们的失败。因为新员工的在职时间，关系到人力资源专家们的绩效。相比之下，超级老板往往更看重员工的天赋和创造性，而不是稳定性。也就是说，超级老板通常会毫不犹豫地聘用一名天资过人的员工，即使他看起来可能不会干太久。

有意思的是，超级老板通常会营造一个极具吸引力的工作环境，企图长时间甚至是一辈子留住员工。在罗伯茨的下属中，有的人回绝了著名出版社提供的工作机会，还有的人直接放弃在其他刊物的优厚待遇，一门心思留在《费城问询报》。那些为诺尔曼·布林克、杰伊·恰特、爱丽丝·沃特斯或比尔·沃尔什等超级老板工作过的员工通常不再想为其他人效力。他们离开公司，往往是因为他们想去创业。在这种情况下，许多超级老板尽力支持的员工离开。即使要离开的是他们的得意门生，超级老板也会称赞对方做出了正确的选择。

"人才磁铁"的自我复制

由于超级老板们已经成为"人才磁铁"，久而久之，他们习以为常的人才招聘方式便建立了一个良性循环。优秀人才总是被超级老板吸引，并取得了显著成就，这进而吸引更多人才。

很快，每一名后起之秀都想为这位超级老板工作。

愿意接受一份薪酬较低的工作，是人们想为超级老板工作的一种表现。梅丽莎·凯莉不是唯一一位无偿在潘尼斯之家试做菜的资深大厨，因为这是餐厅的标准招聘流程。谁也不能保证她会得到一份工作，很多为沃特斯工作过几个星期的人最终也没有被聘用。沃特斯的一名前雇员回忆说："当你完成一天的工作时，他们会问你明天是否还想回来上班。每天下班前，你一定要跟大家聊聊天，看看你这一天的工作是否得到团队的认可，以及你是否可以留下来。"

恰特的儿子马克回忆说，尽管恰特戴伊广告公司（Chiat/Day）的低工资是众所周知的，但每个员工都会尽心尽力地工作。罗伯茨特别提到，当公司要用有限的预算招聘新员工时，一个最重要的考察点就是求职者是否渴望为他工作。他说："我们不能用高薪来吸引他们。"比尔·桑德斯在公司里制订了一项政策：新员工的薪水要低于他的上一份工作。他说，只有这样才能确保没有人仅为了钱而加入他的公司。

作为"人才磁铁"，超级老板往往让人们觉得充满神秘色彩。人们将拉里·埃里森描绘成一个拥有独特魅力的领袖人物。一名长期为他工作的员工说："没人比得上他。"爱丽丝·沃特斯的一位同事是这样评价她的："爱丽丝就像是一块磁铁，她身上的光芒和活力总是能吸引很多人。"史蒂夫·苏利文（Steve

Sullivan）曾在潘尼斯之家当过勤杂工，后来他创建了顶点面包公司（Acme Bread Company）。他回忆说："很多大学生在早上4：00就打来了求职电话，他们总是说：'我看过关于潘尼斯之家的资料，我真的很想来做学徒。'"

洛恩·迈克尔斯的老板伯尔尼·布里斯坦（Bernie Brillstein）是这样评价他的："那时候，他就像是掌管所有喜剧演员的'老大'。"工业光魔公司的员工也用"老大"一词形容乔治·卢卡斯："他就是'老大'，召集了很多有天赋的人。"超级老板成为他们所在行业的"神奇人物"，因为他们似乎拥有某种神奇的力量。但实际上，这根本不是什么神奇的力量，这只是一种与众不同的吸引、挑选和聘用优秀人才的思考方式。

身为"人才磁铁"的好处在于：尽管你会失去一些明星员工，但你也在重新吸纳、培养人才，为团队或组织不断地补充新鲜血液。你再度培养的不是普通员工，而是最优秀的人才。毕竟，那些有着最远大志向、最强干劲的人才会被"人才磁铁"吸引。超级老板为人才提供了一条无与伦比的个人成长道路，又有谁不想为他们工作呢？

很多企业管理者都清楚，优秀人才的能力决定了企业的效益和创新水平。正如我们了解到的那样，超级老板会用非常规的招聘方式吸引人才。这些非常规方式包括个人招聘、直觉招聘、大胆招聘、创意招聘、投机招聘，以及热情招聘。但是，有着独特个性和独到眼光的超级老板，不一定会采用上述所有手段。超级老板手下通常有一个由人力资源专家组成的团队为他们服务，这些人会学习超级老板独特的招聘方式去招募优秀人才。

1987 年，刚刚从美国烹饪学院毕业的西恩·利珀特回到家乡加利福尼亚州找工作。她很想进入潘尼斯之家，经过一番努力，她终于获得了一次接受行政总厨保罗·贝尔托利（Paul Bertolli）面试的机会。来到面试现场时，她还以为自己只是在参加一次普通的公司面试。她坐在贝尔托利对面，递上简历，而贝尔托利居然那份精心准备的简历扔到了地上。利珀特回忆说："我看着他，想要捡起简历，他说'不，别捡起来'。我觉得很困惑。他开始问我一些问题，例如'告诉我一些关于你的故事''你在哪里长大''你昨天在哪里吃饭''你上周在哪里吃饭''你平时看什么书''最近在看什么书''你最在乎什么'。"利珀特告诉我，面对这些问题她当时感到措手不及，但她从头到尾都保持友好的态度。一个月后，利珀特接到一个电话，问她愿不愿意到潘尼斯之家实习一段时间。

潘尼斯之家从成立至今已经走过了 16 个年头，而沃特斯招聘员工的方式已经被餐厅的其他人所采用。这凸显了本书的一个关键论点：超级老板所特有的、给他们带来成功的独特做法是可以传授给其他人的。如果你是所在组织的招聘负责人，何不在本书中挑选一些人才招聘技巧加以使用呢？你不必把自己

学过的人力资源知识全部抛诸脑后，慢慢来，把这些技巧逐渐融入到你现有的招聘流程中。

如果你是经验不足的招聘人员，就要克制自己的冲动，不要因为求职者的资历和经验尚浅就淘汰他们。否则你可能会错失最优秀、最有创造力的职位候选人。不要无视岗位职责，但与此同时，也不要按图索骥，只招聘那些完全符合岗位职责标准的求职者。不要抛弃正规的面试形式，但你也可以不拘泥于形式，融入一些新元素，比如在一个另类的场合举行面试。

请注意，千万不要每次都用非常规手段挑选人才。你最好循序渐进，先在一两个候选人身上尝试这些方法，然后再借用本书探讨过的其他方法。在聘请到一名独特的人才之后，不要用管理普通员工的方式管理他。如果你已经吸引到真正的天才，但没有采取正确的管理方式，那他可能在读完员工手册之前就另谋高就了。你需要不断地学习和适应，让自己成为员工的合作伙伴。与此同时，你也不应忽视老员工，否则他们很可能会将这名陌生新人赶走。无论新员工还是老员工，你要让他们知道你的全盘计划。一旦他们了解并亲身体验到（这点更重要）超级老板的世界，便会欣然接受你的种种做法。

当你的企业陷入麻烦，而你又急于做出成果时，千万不要把超级老板的招聘手段当做孤注一掷的方法。只有在敞开胸怀、为了变得更加优秀而开始反思的时候，你才能尝试这种方法。

因为这样做的风险并不大，就算你失败了，也不会因此而一蹶不振。但是，当你采用更多直觉式的新颖方式招聘人才时，你仍需投入大量时间和精力在实践中熟悉这些方法。而且你得接受一个事实：奇招未必有奇效。话又说回来，既然万事无绝对，那何不尝试一下呢？若某种方法不管用，或者即使它发挥了作用，但新员工却最终另投他处，那你也学到了关于员工跳槽的第一课。

如果你运气不错，又或者比自己想象中更善于运用超级老板的招聘方法，这意味着曾经为你工作过的员工已然大放异彩。在这种情况下，那些在领英（LinkedIn）关注你的人会不断地给你留言；你还会收到"圈外人"的来信，他们很好奇你在做什么，并且想知道你是否要招人（当这本超级老板实战手册开始大行其道时，这种情况就会发生）。只要你的一些下属成功地另起炉灶，"人才磁铁"这一美名就非你莫属。当人们开始频繁关注你时，你将获得前所未有的成就感。而如果关注你的是顶尖人才，那你就走运了。

寻找可造之才需要勇气。我们给很多事情设置了条条框框，而人才往往不愿受这些条条框框限制。传统的人才挑选方式给予我们难以放弃的控制感。对人事经理来说，超级老板物色称心员工的方法太冒险——尤其是在没有先例的情况下。但请记住：在挑选人才的挑战面前，超级老板绝对是胜多负少。

对于任何想培养杰出人才的管理者来说，物色和聘用可造之材是至关重要的一步，但只是第一步。把人才招致麾下后，你要给他们施加压力，激励他们追求卓越的表现，使他们在力所能及的范围内取得出色的成绩。这不仅是为了组织发展，也是为了促进他们自身成长。超级老板鞭策员工的方法与常人无异，即不断地提高对员工业绩的要求，但他们还做其他一些大多数管理者不会做，甚至连好老板也不会做的事情。我们将在下一章中看到：超级老板坚定的情感承诺，促使顶尖人才不断取得超乎想象的成就。

第 **3** 章
高压激励，建立"斯德哥尔摩式"人才联盟

SUPER
BOSSES

HOW EXCEPTIONAL LEADERS
MASTER THE FLOW OF TALENT

拉尔夫·劳伦

离经叛道型超级老板，想象力超群，盖茨比式美国梦的设计者

　　拉尔夫·劳伦，生于美国平凡的劳工家庭，从其家庭背景而论，他与服装几乎搭不上边。然而他却凭借自己的对服装与生俱来的天赋，创建了属于自己的时尚王国。1968年，他成立了男装公司，推出第一个品牌"POLO RALPH LAUREN"。随后，他还推出了多个系列的POLO衫，是实至名归的"POLO衫之父"

假设现在是 20 世纪 70 年代，你走进位于纽约莱克星顿大街和 59 街交叉口的布鲁明戴尔百货店（Bloomingdale's），路过男装区正中央摆放着西装、休闲裤和领带的陈列架，你可能会注意到一位 30 出头、颇有魅力的男士正在检查陈列中的服装，旁边还有一个人在协助他，时而整理架上的衬衫，时而将领带从一个地方挪到另一个地方。在那个年代，男士的领带、衬衫和西服通常是分开销售的，纽约的其他百货公司，如杰西潘尼百货（JCPenny）和费林百货（Filene）都会这样做。布鲁明戴尔曾经也是潮流的跟随者，但现在不同了。

布鲁明戴尔男装区的正中央在视觉上独立于该区的其他部分。它就像是一间单独的精品店，里面陈列着一系列服饰，而这些服饰只有一个品牌：拉尔夫·劳伦。店里正在主推的新品

是一款 POLO 运动衫，运动衫的胸口处有一个小小的马球运动员标志，类似于人们常穿的带有鳄鱼徽标的旧款鳄鱼牌翻领 T 恤。这款运动衫一共有 24 种颜色可选，衣服材质和显眼的马球选手标志表明这是一件高级货，而实际上，它的质量确实比鳄鱼 T 恤好很多。这款精品代表着美国社会很多中低阶层人士所渴望的财富和荣誉。

那位在检查服装的英俊青年不是别人，正是拉尔夫·劳伦本人。从 20 世纪 70 年代末开始，他逐渐成为时尚偶像，并多次登上亿万富豪排行榜。在劳伦之前，设计师们设计的衣服要么是正装，要么是运动装。而劳伦把这两者结合起来，打造出一系列流行服饰，成为了全新的美国生活方式的代表。劳伦认为，他的客户和他一样，都希望为工作、家居和旅行搭配不同的服装，而中产阶级只要穿着合适的服装（也就是他的服装），就能被这个世界所认可。《纽约时报》的一位作家曾称劳伦是"一系列完美生活的终极缔造者"。但说到劳伦对时尚产业和美国文化的贡献，也许只有设计师约瑟夫·阿布德（Joseph Abboud）的描述才最为贴切："没人能比拉尔夫·劳伦更善于创造拉尔夫·劳伦式神话。"

尽管阿布德和他的同行王薇薇（Vera Wang）、杰弗瑞·班克斯（Jeffrey Banks）和约翰·瓦尔瓦托斯（John Varvatos）都曾在某个时期为劳伦工作，但他们都不是本章开头提到的在 20

世纪 70 年于布鲁明戴尔百货店协助劳伦的那个人。那位年轻的设计师兼陈列专员名叫萨尔·塞萨拉尼（Sal Cesarani），从 1970 年到 1972 年，他一直是劳伦最得力的助手。从面料选定、样板间展示到将劳伦的设计理念画成草图，他几乎"全方位"参与了设计过程。那是一项激动人心的工作，一场奇妙但无比紧张的学习之旅。后来，塞萨拉尼凭借自己设计的产品获得了无数奖项，《纽约时报》也刊登过关于他的文章，他被称为"纽约品位教主"。

塞萨拉尼仍记得，那时他和劳伦经常一起工作到深夜，然后一起走路回家，并在路上探讨与设计有关的问题。虽然劳伦说话"一直轻声细语"，却总能在无形中给人一种压力，促使员工有更优异的表现。塞萨拉尼说："他在以不严格的方式向你提出严格要求。如果劳伦要求你做某件事情，你会因为不想让他失望、想取悦他或是想得到他的认可而去努力做好。他会让你感觉自己是一项伟大事业的重要组成部分。"有些老板让员工无比爱戴，员工们都愿意为他们做任何事，甚至替他们抵挡流言蜚语，拉尔夫·劳伦就是这种老板。"如果你和任何一位曾经为拉尔夫·劳伦工作过的员工聊聊天，"塞萨拉尼说，"他们会告诉你同一件事情，那就是他们愿意为劳伦赴汤蹈火。"

塞萨拉尼离开劳伦，是因为早出晚归的工作对于他来说压力实在太大，让他没时间抽身照顾家庭。"我很爱戴劳伦，害怕

让他失望，但他所要求的 100% 全情投入实在是太难以坚持了，我不得不那样做。"他回忆说，"离开劳伦是一个极其痛苦的决定，劳伦从未表现出不悦，但他会不住地摇头，不敢相信我会离开他，因为他一直觉得我是他的坚强后盾。在做出这个决定前，我承受了巨大的心理压力。"在我们面谈的过程中，塞萨拉尼的声音有点沉重。甚至在多年以后，只要一想起劳伦，塞萨拉尼脸上就会浮现出悲伤和歉意。

塞萨拉尼对劳伦表现出的依赖感，在几十年后仍然在他内心徘徊，这是忠诚的体现。这一现象在超级老板的得意门生中出现得很普遍。我曾无数次遇到过类似斯德哥尔摩综合征（Stockholm syndrome）的领导力模式：员工为了超级老板不断挑战自己的极限，这是一个痛苦的过程，但他们不会因此憎恨对方，反而会变得更加忠诚。因为他们完全相信超级老板的远见卓识，觉得对方没有选错人，因此也不会做任何让对方失望的事情。

罗恩·马斯顿（Ron Marston）在成为美国健康护理公司（Health Care Corporation of America）的 CEO 前曾与托米·弗里斯特共事多年。他告诉我："你绝对不想让托米失望，你自己会更难受。并不是因为他做了或说了什么，而是因为你知道自己没有达到他的要求。"

约瑟夫·阿布德回忆说："为劳伦工作就像在履行对偶像的

92

狂热崇拜。拉尔夫就是我们的英雄。我们相信他、追随他，我们永远是他的拥趸。追随偶像是一项需要全身心投入的使命，你会很想享受这个过程。"

偶像的力量如此强大。如今，很多企业都在评估其员工的敬业度，而结果往往令人老板们大失所望。在超级老板看来，敬业是对员工最基本的要求。他们知道，企业要走向成功，拥有敬业的员工还远远不够，企业需要的是全世界最优秀的团队，团队成员必须精力充沛、具备超强动力。劳伦能创造巨大财富，是因为数十年来他有像塞萨拉尼这样的员工殚精竭虑地为他挑战极限。他的员工想追求卓越，所以他们能够打破先入为主的思维模式，不断挑战自己。

如果你是团队管理者，请想象一下：你的所有团队成员或部分成员有不断挑战自我极限的动力，你会取得怎样的成就？在与新生代员工交流时，我发现大多数人都希望在职业生涯之初便得到超级老板的提携。大量问卷调查表明，新生代求职者想参与到有意义的事情中。他们不是在谋求一个差事，而是在寻找一份能带来激情的工作。他们是有史以来受教育程度最高、流动性最大的一代人。

所以，如果你想深入挖掘这代人的潜能（并确保组织的前途），你最好开始思考：如何才能把超级老板激励和鼓舞员工的方法运用在他们身上？

让目标感像病毒一样渗透

那么，超级老板如何激励和鼓舞员工呢？首先要知道的是，所有类型的超级老板都会强迫员工拼命工作。"每个人都知道比尔看重结果，"维德集团（Verde Group）总裁兼 CEO、曾长期担任比尔·桑德斯助理的唐纳德·布兰肯西普（Donald Blankenship）回忆说，"要跟他共事，你要把工作当做生活的重心。"谈到托米·弗里斯特，HCA 高级副总裁维克托·坎贝尔是这样说的："他希望你及时完成工作。"喜剧演员安迪·萨姆伯格（Andy Samberg）还记得，他和洛恩·迈克尔斯在《周六夜现场》合作过之后，拍电影对他而言简直是小菜一碟。他说："比起出演《周六夜现场》，拍电影的压力并不大。《周六夜现场》的拍摄就是一种疯狂、紧张、却非常精彩的高压环境。"

超级老板需要的不是表现出色的员工，而是拥有世界级表现的员工。拉里·埃里森的一位爱徒在评价埃里森时说："他的最大优点就是让优秀人才明知不可为而为之。"而这需要将不可能的任务变成一个清晰的目标。曾在旧金山 49 人队和克利夫兰布朗队担任俱乐部主席兼 CEO 的卡门·波勒西（Carmen Policy）回忆说："比尔·沃尔什带着对胜利的渴望来到 49 人队。除了指导队员之外，他还想做更多的事情，比如建立一个王朝。"

比尔·桑德斯希望他的房地产公司能仿效高盛集团在美国

的发展轨迹，并且拥有像高盛一样的声望。所以，如果他的员工没有付出非凡的努力，他是不会满意的。"桑德斯教会我的一件事就是，"唐·苏特尔（Don Suter）说，"如果你要从事服务行业，如果你要吸引客户或投资，那么做到优秀是不够的，你还要做到完美。"苏特尔曾在桑德斯领导下的安全资本集团担任过总经理，后来成为 M3 资本合作公司的 CEO。

苏尔特告诉我，有一次，他要说服一家公司的 CEO 接受一项与安全资本集团的融资协议。他为这次时长 55 分钟的会议准备了 3 天，最终那位 CEO 当场同意苏尔特的提案。可以说，这项任务完成得相当出色。可桑德斯还是不太满意。等那位 CEO 离开之后，桑德斯走进苏尔特的办公室，关上门把他数落了一顿。因为他的发言一度太过随意，居然使用"你们"来形容对方的公司。"我还以为他会夸我一两句，因为我的提案相当出色！"苏尔特说，"可他却警告我说，如果以后开会我再敢用'你们'来形容客户公司，就让我滚回老家科科莫市。这就是比尔所追求的完美，他会执着于每一个细节。"

坚持把工作做到完美是桑德斯的习惯做法。曾在安全资本集团担任总经理的康斯坦斯·摩尔告诉我，1993 年，桑德斯在集团召开年会之前明确表示，他想让的每一名领导层成员在所有股东和董事会面前作汇报。很多人的汇报时间将会很简短，大约为 30 秒到 90 秒不等。而桑德斯坚决要求他们在开会前一

天进行彩排，彩排地点就在召开年会的地方。在彩排过程中，每一位高管在做完汇报之后，桑德斯都会对他们的表现打分，还会给出一些改进建议。年会当天傍晚，每一名高管还要再排练一遍。"对我们很多人来说，"摩尔说，"我们都知道自己是已被业界认可的高管，但那一刻，桑德斯就像'老师'一样给我们每个人的表现打分，我们感觉自己又回到了学生时代。我明白他想确保我们站在董事会和股东面前时能出色地完成工作汇报，而得到这种结果的唯一方式就是他在大量彩排后给予我们反馈，让我们能做到完美。多年来，他一直都是这样做的。"

多年来？难道摩尔和她的同事从未放松过对自己的要求？也从不沉浸在胜利的喜悦当中？在普通企业里，业绩出色的员工确实可以放松自己，而且会逐渐产生一种特权意识：认为自己是团队的"英雄"，甚至认为老板和其他人都应该对自己感恩戴德。而在超级老板领导的企业中，这种特权意识根本没有滋生的土壤。你不可能故步自封、洋洋得意，因为超级老板不仅对你有着非常高的期望，而且这种期望还在不断上升。

安迪·萨姆伯格告诉我，当他的《周六夜现场》数码短片大获成功时，他的第一个念头并不是自己已经成名了、可以喘口气了，而是"好吧，可能我明年不会被炒鱿鱼了"。作为对冲基金界大佬朱利安·罗伯逊的得意门生，切西·科尔曼（Chase Coleman）向我描述了他职业生涯中的一次经历：有一次，他认为某家公司的股价会下跌，于是他说服罗伯逊做空这家公司股票，为后者赚了一大笔钱。不久以后，当科尔曼在自己的办公隔间工作时，罗伯逊走了过来。"我还以为他要跟我击掌相庆，结果他只对我眨了眨眼，仅此而已。"科尔曼说，"那下眨眼是罗伯逊特有的方式，就相当于对我说：'没错，你做得很好，但这早在我的预料之中。我们再看看你还有什么其他本事。'"

在不断提高期望的过程中，超级老板们不会被历史数据束缚，也不会以某个特定岗位的员工的表现作为标准，更不会受制于天赋。超级老板想看看员工的极限在哪里。他们把员工当成奥运选手，总是激励他们超越极限，追求卓越。

如今已经成为 TBWA 媒体艺术实验室（TBWA/Media Arts Lab）董事长的李·克劳告诉我："杰伊·恰特总是要求所有员工做一些超出他们认知范围的事情，或者是他们认为自己做不到的事情。"肯尼·托马斯（Kenny Thomas）曾是拉尔夫·劳伦的雇员，后来担任了幸运牌工装裤（Lucky Brand Dungarees）的高级副总裁，他说："劳伦身边围绕着大批青年设计师，即使对于那些不知道自己能做什么员工，劳伦也会给他们机会，这一点很了不起。"

谈到超级老板对员工工作表现的态度，垃圾债券大王迈克尔·米尔肯的总结十分到位，他说："也许是我们在学习和工作中给自己设定的目标太低了。事实上，我们所有人都可以有比

现在更好的表现。或许，我们对自己的挑战还不够。"

请注意，米尔肯使用的是"我们"这个具有包容性的词汇。超级老板善于催人奋进，因为他们本身就是高绩效的榜样。罗纳德·布兰肯西普在提到桑德斯时说："他是那种每天工作12～15个小时的人，如果你不是这种人，就很可能无法进入公司高层。"洛恩·迈克尔斯经常在周三晚上加班，这是个雷打不动的习惯。芭菲·比利特拉（Buffy Birrittella）是与拉尔夫·劳伦共事时间最长的员工之一。她说："劳伦对员工怀有殷切期望，他要求每一名员工保持清醒，并不断提高自己。因为总有人想取代你，所以你必须不断取代自己。"

你可能会想，超级老板是不是对自己和其他人太狠了？虽然有些员工会同意这种说法，但超级老板却表示强烈反对。"我认为，人不应该因为努力工作而受到指责，"迈克尔·米尔肯说，"有些人喜欢打篮球，有些人喜欢打高尔夫球，而我喜欢努力工作，道理是一样的。"

──────────SUPER BOSSES──────────

　　超级老板需要的不是表现出色的员工，而是拥有世界级表现的员工。

曾担任《嘉人》《大都会》《魅力》《美国周刊》等杂志主编

的邦妮·福勒拥有耀眼的成就，她曾两度被《广告时代》杂志评为"年度最佳编辑"。福勒在一年时间内使《美国周刊》的报摊销售量翻番，随后又让《明星周刊》订阅量翻番；与此同时，她的得意门生已经开始在《魅力》《美国周刊》《简约》《十七岁》《格言》等杂志担任高管。然而，一些曾经为福勒工作的员工指责她的完美主义和强势作风是一种"粗鲁"和"专横"的表现。为了把自己的不满公之于众，这些愤怒的前雇员还联合成立了一个名为 isurvivedbonnie.com 的网站。该网站成立于 2003 年，其目标是"集合美国传媒集团主编邦妮·福勒的前任和现任雇员探讨如何应对她的暴虐统治，并在这种氛围中生存下来"。不过，这个网站现在已经不存在了。

超级老板根本不惧怕外界的指责批评，他们会一如既往地以高期望、高要求来激励员工。如果你无法达到超级老板的预期，他就不会再花太多精力去督促你进步，有时甚至会放弃你。约翰·格里芬告诉我："如果朱利安·罗伯逊聘用了某人，而那个人没有表现出他想象中的水准，就会被迅速解雇。"按照拱石房地产公司董事长兼 CEO 斯科特·塞勒斯的说法："比尔·桑德斯一旦认为某些员工没有尽心尽力，他就会对他们不客气。你要么承受住他的考验并提升自己，要么被淘汰掉。"这种"不进则退"的问责制在传统行业并不多见。

普通管理者往往能容忍员工的绩效长时间下滑，只有出现

严重问题时，他们才会"变得强硬"。相比之下，超级老板都是绩效专家，无论在吃饭、睡觉还是呼吸，他们心里都想着如何提升绩效。他们无时无刻不在督促员工拼命工作。如果哪一天他们不再向你提出挑战，那么你就应该担心自己的处境了。

超级老板是强硬的完美主义者，对下属的鞭策也非常人能及。可能有人会问："这种鞭策会产生反作用吗？会不会导致员工身心疲惫？"在很多追求"高绩效"的传统企业中，实际情况正是如此。在组织的最顶层，投资者和董事会自上而下地给员工施加压力，希望以此提高他们的工作效率。当每个层面的管理者加 z 强对下属的控制时，这种压力便会向下传递。上级管理者要求下级管理者实现业绩目标，而当后者实现了业绩目标之后，下一年度的目标会更高。如果他们在下一年度再次实现目标，那第三年的业绩目标上升幅度将会更大。这种要求似乎永远不会结束，让员工觉得自己在无休止地干着一件枯燥的工作。如果你成功了，你会受到"惩罚"（实现更高的目标）；但如果你失败了，就会受到更严厉的惩罚。随着移动通信技术的发展，这种压力时刻都存在着。所以，很大一部分员工对自己的工作表示不满，并最终放弃，这也是情理之中的事。

在超级老板领导的企业里，确实有一些员工会离职，但也有一些员工能很好地缓解这种持续上升的压力。其原因就在于：超级老板会持续给员工施加压力，也会促使员工做出了成绩，提升他们的信心。这在无形中加深了员工与自己的情感联系。超级老板深知，当他们对员工寄予厚望并让其知道这个愿望有可能实现时，员工就会取得更大成就。即使是最有上进心、最有天赋的员工也不例外。超级老板知道，当员工第一次看到自己有机会变得更伟大、更优秀、更坚强、更机智和更有创造力时，他们就会竭尽全力朝这个方向前进。此外，超级老板认为，为员工队伍注入一种强烈和令人难忘的可能性，也是他们的重要职责。

超级老板激励下属的一个重要手段就是为他们树立自信心。这些下属不止一次地告诉我，他们的超级老板最拿手的本领就是塑造员工的自信，其最直接的方式就是以身作则。像洛恩·迈克尔斯或乔治·卢卡斯这种超级老板会用自己的自信和进取精神去激励员工。迈克尔斯似乎丝毫不怀疑《周六夜现场》将成为电视行业的一个标杆，而卢卡斯在人们预测《星球大战》将以失败告终时仍然对这部电影充满信心。超级老板的下属会留意到这种强大的自信心并深受鼓舞，他们会因自己与超级老板的密切关系而意识到自己有多优秀。

卢卡斯的得意门生霍华德·罗福曼（Howard Roffman）回忆说，当他第一次在卢卡斯影业担任发行部领导时，他的职责就是向观众推荐《星球大战》续集，让他们对它产生兴趣。然而，当他与影院、授权商和行业从业者会面时，发现他们并不认可

迈克尔·米尔肯

了不起的混蛋型超级老板，永远争强好斗，只"喜欢努力工作"

迈克尔·米尔肯，自 J.P. 摩根以来美国金融界最有影响力的风云人物。他是在 20 世纪 80 年代驰骋华尔街的"垃圾债券大王"，曾一手改写了美国的证券金融业发展史。

新电影。"每个人都像看疯子似的看着我，并告诉我属于《星球大战》的黄金时代已经结束了。"罗福曼说，"我不敢把这个消息告诉卢卡斯，我怕'上帝之怒'会倾泻到我身上。"然而，卢卡斯对此只是一笑了之，他说："《星球大战》没有过时，它只是在休息。请给它一点时间。总有一天，那些看过电影的观众会有孩子，他们会向自己的孩子推荐这部电影。我们可以在那时候东山再起。"在面对整个行业的质疑时，卢卡斯依旧自信从容，这给罗福曼留下了深刻印象。

比尔·沃尔什教练的自信也给前旧金山 49 人队的接球手德怀特·克拉克留下了深刻印象："他总是那么踌躇满志，对自己能做的每一件事都充满信心。那不是一种炫耀，而是一种自信的态度。站在他身边时，你也会感受到这种自信，你会发现自信是会传染的。"

金钱无法播种的地方，愿景可以

请想象这样一副场景：刚加入公司不久的你，正在参加你所在业务小组的计划会议。组长提出一个业务组长期存在的问题，这个问题并非没有办法解决，但到目前为止，每个人想到的办法都差强人意。

这时候，站在会议室墙边的一个人问了个问题。你转过身，

认出那人是公司的创始人兼 CEO。你在面试时跟他见过面，但进公司之后就没见过他了。似乎没人能够回答他提出的问题，于是他开始说起自己成立这家公司的初衷。初听起来，他仿佛在追忆旧日的时光，这与刚才的问题风马牛不相及，但你慢慢意识到了二者之间的联系。创始人所阐述的初衷即是公司能给客户带来什么价值，这正是公司有别于其他竞争对手的特质。他用简洁的语言描述了公司一直以来如何给顾客提供创新产品，同时又很好地控制成本。

你发现，这位创始人刚才已经重新定义了工作组存在的问题，并扩大了解决方案的选择范围。这些新选择所需的变革比工作组想象中多得多。现在，曾经的问题看上去像是一个为客户提供更多价值的机遇。"哇！"小组领导清楚地说出了会议室里每一个人的感受，"如果我们能把这点结合起来，那肯定会有效果，不是吗？"你情不自禁地笑了起来，赞同地点点头。自公司成立以来，这种积极进取的精神就让这家企业显得无比特别，而现在，你也被这种精神所吸引。

近年来，我们听到很多关于组织愿景的论述。然而，在绝大多数组织里，人们只是把愿景视为管理者从企业的金字塔顶端传递下来的某种东西，一种远离日常工作的理念，毫无实际意义。愿景逐渐成为组织里被忽视的部分。

当我与一些管理团队（甚至是相对高效的团队）共事时，

我曾询问过他们对组织愿景的看法。在很多情况下，他们无法准确表达自己所在组织的愿景，甚至需要到公司网站上去查看一下。组织愿景已经成为华而不实的东西，没有发挥它应该具备的鼓舞员工、激发员工潜力、使员工充满活力的作用。人们也不再认为一位称职的老板需要为其团队树立一个独特的愿景。假使在管理者眼里愿景已经扮演着无足轻重的角色，那么普通员工又会如何看待它？也许在大多数时候，组织愿景没有进入员工的意识当中。

超级老板之所以能成为"人才磁铁"，不仅仅因为他们本身能创造出色业绩，还因为他们以一种令人信服的方式去勾勒未来。以洛恩·迈克尔斯为例。长期担任美国全国广播公司（NBC）高管的迪克·埃博索尔（Dick Ebersol）回忆说："在《周六夜现场》的筹备阶段，迈克尔斯想让这档电视真人秀节目反映当代现实，洛恩这种看待事情的角度让我佩服。"作为一个"有着卓越眼光"的人，比尔·桑德斯同样给同事们留下了深刻印象。"桑德斯会先描绘出他的愿景，然后说：'我希望你也能参与其中。'"斯科特·塞勒斯说，"成为如此伟大愿景的一部分让你感到无比荣耀，你会情不自禁地加入！"

超级老板有着独特、真实和始终如一的愿景，无一例外。乔治·卢卡斯的一位得意门生告诉我，乔治·卢卡斯"用《星球大战》改变了电影的拍摄方式"。另一位门生强调："卢卡斯是

电影数字化的先驱。他还成立了皮克斯动画工作室（Pixar）。他敢于想象事情的未来，也敢于探索它们与当下的事物有何不同。"卢卡斯还有一位门生，那就是畅销书《机器人之父》（*Droidmaker*）的作者迈克尔·鲁宾（Michael Rubin）。20 世纪 80 年代，年轻的鲁宾曾是卢卡斯影业图形组的一名成员。他回忆说："听卢卡斯对技术的展望是一件痛快的事情。我很庆幸能在 22 岁听到他阐述未来，他的话改变了我的职业生涯。"

---SUPER BOSSES---

> 超级老板之所以能成为"人才磁铁"，不仅仅因为他们本身能创造出色业绩，还因为他们以一种令人信服的方式去勾勒未来。

财富和名声并不是超级老板的最终目标，他们还想塑造影响力，改变他们所在的行业，乃至整个世界。迈尔斯·戴维斯想通过音乐接触到尽量多的群体；爱丽丝·沃特斯想让大众更了解食物；吉恩·罗伯茨想刊登针砭时弊的优质新闻，改善社会风气。这些愿景激励着员工努力思考、追求更高的目标、走得更远，让工作的每一个细节都变得有意义。

超级老板善于表达他们的愿景，这对激励和鼓舞员工非常有帮助。记者、门生或其他旁观者往往将超级老板视为出色的销售人员。艾美奖得主、《周六夜现场》编剧汤姆·希勒（Tom Schiller）这样评价洛恩·迈克尔斯："他身上有一股力量，能够让那些可以帮助他实现梦想的人凝聚在他周围。"我发现，仅是倾听超级老板的前雇员讲述他们老板的愿景，也能让人激动不已。曾在比尔·桑德斯的安全资本集团担任高管的琳达·露易丝（Linda Lewis）回忆说："看着比尔发言，你会后悔自己怎么没早点进入公司。就好比你看到一辆正在前进的火车，而你迫切地想跳上去。"

电影导演兼特效制作人菲尔·蒂佩特（Phil Tippet）在回忆起他与乔治·卢卡斯的初次见面时说道："他做事不会瞻前顾后，非常执着，好像在说：'我就是要做这件事，除非有人开枪打死我。'"对于酿酒师罗伯特·蒙达维（Robert Mondavi）的学徒来说，为他们超级老板工作的感觉就像是如今谷歌公司的员工所说的那样："你觉得自己就是新时代的弄潮儿。你正处在一个激动人心的、具有开创性的行业里。"

超级老板认定员工会认同他们的愿景，所以他们不必经常监督员工，因为员工会自然而然地全身心投入到工作当中。我所采访过的很多员工都表示自己在工作时几乎没有什么东西能够让他们分心。

曾在 20 世纪 80 年代初获得过"詹姆斯·比尔德奖"的乔伊斯·戈德斯坦说："在潘尼斯之家时，我每天 5：00 ～ 18：00

都在餐厅工作，而且每周工作 6 天。到了星期天，我还要去查库存，并且为两间餐厅（正式用餐区和咖啡厅）准备菜单。但我不觉得累，因为我喜欢食物，喜欢餐饮这个行业。我从来不三心二意地工作。"超级老板的员工从不心猿意马，他们加入某个行业不是为了声誉或金钱，而是因为他们认同超级老板的愿景，这种愿景具有无法抗拒的吸引力。

超级老板非常善于激励下属。与大多数管理者不同，超级老板不希望员工只投入 80% 的专注度和精力到工作中，他们要求员工 100% 的投入，后者也确实没有让他们失望。可是，超级老板不会为了这 100% 的投入在员工面前"画大饼"。

我们在第 2 章中看到，尽管超级老板给予人才的待遇低于其他企业，但很多追随者还是迫切地想从超级老板那里谋得职位。唐·舒尔特回忆说，当安全资本集团的员工取得某些突出成就时，比尔·桑德斯就会来到这名员工的工位上向其表示祝贺。同时，桑德斯还会告诉他，他的贡献对公司有多么重要。"这仿佛是在说。'我知道你完成了一项出色的任务，我感到非常愉快。'"苏尔特说，"对员工而言，这番鼓励比 1 万美元年终奖更有意义，因为被桑德斯单独表扬，就相当于告诉大家，这个人做了一件与众不同的事情。"

在物质社会，金钱是值得为之奋斗的东西，许多超级老板及其门生也确实变得非常富有。以罗伯逊为例：他的员工几乎都成为了千万富翁，有些人甚至成为亿万富翁。但对绝大多数人而言，金钱并不完全具有激励性。

相反，当人们为一位超级老板工作时，他们知道这位无惧风险，一心想实现更高目标的老板正在改变游戏规则。每当超级老板命令员工做某些事情，强势推动或激励员工时（后一种情况更常见），员工不会对这种压力表示厌恶或抗拒。因为他们已参与到实现伟大目标的过程中，他们将压力视为完成伟大使命的一部分，而且是极其重要的一部分。

超级老板的巨大期望和远大抱负，引导着他们麾下的优秀人才取得不可思议的成就。超级老板下属的业绩往往呈螺旋式上升态势，因为当他们习惯在一个紧张的环境中生存和发展时，他们实现抱负的欲望会只增不减。他们更加渴望成功，所以他们会接受更具挑战性的任务。在满足或超出超级老板的期望之后，他们感觉身心舒畅，于是想再做一次。他们渴望更加接近超级老板，当他们更具体地体会到其灵感和精力时，会不惜一切代价留在超级老板身边。这是一个由"压力—成功—认可—高涨的信心—更大成功"构成的良性循环，它让超级老板、他们的门生以及他们所领导的组织在成功的道路上势不可挡。对此，杰伊·恰特的总结相当到位："他（超级老板）在人们心中种下一粒种子，这颗种子让你很难再做回普通人。一旦你感受它的存在，改变将不可逆转。"

超级老板也需要超强执行力

了解超级老板如何激励和鼓舞下属之后，你应该可以更好地理解你的老板了。也许他极其严苛，没日没夜地工作，或者给你指派艰巨的任务，可你发现自己并不在意，这是一种奇怪的感觉。或许你的老板正是一位超级老板，或者他具备超级老板的某些特征。

当你刚开始一项新工作，你的老板给你安排了大量任务，并设置了让你喘不过气的业绩目标时，你会怀疑他是一个即将改变你人生的超级老板，还是又一个令你身心俱疲的"教官式"老板？想找到心中渴望的答案，你只需问自己几个简单的问题：

◆ 我的老板是否为我、团队和组织正在做的事情描绘
  了一个愿景？

◆ 那个愿景是否充满活力、令人兴奋且非常重要？

◆ 我在这个愿景中角色和位置是否明确？

如果这些问题的答案都是肯定而明确的，那你可能正在经历人生的重大转变；如果答案是否定而模糊的，那你可能正在从事一项扼杀灵魂的枯燥工作。

如果你是一名注重团队绩效的管理者，而且你正在为了实

现高绩效而苦苦挣扎，也许是时候停止你手头的工作，开始做一些新的事情。采取严厉手段并非高效的领导理念。在某些时候，如果你不给员工灌输"一切皆有可能"的思想，员工们就会缺乏前进的动力。愿景不是 CEO 特有的东西，无论你在组织中担任何种职务，都要构建一种能让团队为之振奋的愿景，并花大量时间高效地向员工描绘这个愿景。

让我们反思一下：试着快速检查自己度过的每一天，如果你的工作日程上全是会议，那你还会花多少时间去做超级老板所做的事情？例如咨询员工意见，确定员工能力，确立优秀员工在团队中的地位，提醒他们注意事情的优先级和目标背后的根本目的？

如果你已经将员工的能力挖掘到极限，他们已没有更多的进步空间，也许你会发现多花点精力在价值、目标、愿景和认同感等软性指标上，更有助于引导员工创造优秀的业绩。在超级老板看来，激励他人不是一种偶然的行为，而是一切行为的核心。

在许多组织中，当团队关注硬性的业绩指标时，人们已经不知"为何"而工作。员工们忘记了他们为什么要再签下 1 000 份服务合同，或者为什么会从每笔客户交易中获得 486 美元，而不是 483 美元。签下更多的合同或赚取更高的利润是件重要的事，但前提是它要与团队和组织的愿景有关系。如果你发觉

自己思考愿景的时间越来越少，很可能你的员工也同样如此。你可以问问自己这几个疯狂的问题：我的组织为何而存在？我的团队为何而存在？我能够以简明扼要的方式把组织或团队的愿景传达给下属吗？我能够把它与自己本年度、本季度和本月工作日程中的具体事项联系起来吗？

愿景能让任何企业的任何部门充满活力。那么，管理者会为像财务部这种关注内部、注重流程、似乎离宏伟目标很遥远的部门构建一个激动人心的愿景吗？企业的各项财务数据、文件必须准确无误，做这项工作的专业人士必须遵循恰当的流程。如果会计团队没有完成本职工作，企业的根基就会动摇，更不用谈实现什么伟大愿景了。很明显，会计团队对组织的命运走向起着至关重要的作用。如果你是超级老板或希望成为超级老板，你就要向财务人员强调他们的工作关乎组织的生死存亡，以及他们如何发挥创造力，更出色地完成自己的工作。你可以向他们提议，创建一个预警机制或开发一个新流程，让他们在审计过程中与其他部门互动。

无论现在你的组织或团队处于何种状态，你都要马上行动起来，现在就是点燃员工工作激情的最佳时机。如果你想守株待兔，那你就不适合为超级老板工作；如果你愿意心无旁骛地投入工作中，那你会发现为超级老板工作确实是件振奋人心的事情。

从哥伦比亚大学本科毕业后，我就开始为一位超级老板工作。我的导师唐·汉布里克（Don Hambrick）教授完全符合我在本书中描述的超级老板行为特征，他培养了我所在行业的整整一代学者。当年，汉布里克教授对工作的投入程度无人能及，而在 30 年后的今天，他仍然可能是最努力的人。他沉着自信的心态感染了很多人；他对我们研究项目的独特见解胜过我一直在做的其他任何项目。他一直鼓励我、信任我，我也愿意把他激励化作前进的动力，因为我看得出来，他的话都发自肺腑，而不是为了让我更玩命工作而信口雌黄。

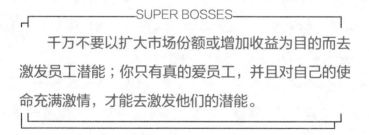

————————SUPER BOSSES————————
千万不要以扩大市场份额或增加收益为目的而去激发员工潜能；你只有真的爱员工，并且对自己的使命充满激情，才能去激发他们的潜能。

从汉布里克教授身上，我们可以学到超级老板实施绩效管理的一条经验：千万不要以扩大市场份额或增加收益为目的而去激发员工潜能；你只有真的爱员工，并且对自己的使命充满激情，才能去激发他们的潜能。超级老板对自己员工所说和所做的每一件事都是发自内心的，他们并不是在演戏或装腔作势。他们不会例行公事地构建愿景之后又转去做其他事。超级老板

知道，这种做法只能让他们自食苦果，因为大多数人都很聪明，很容易识别他人的谎言。

还记得在 20 世纪 70 年代当过拉尔夫·劳伦副手的萨尔·塞萨拉尼吗？30 年后，他仍然深深地怀念他的第一个老板，将其视为任何流行偶像都无法比肩的人物。为劳伦工作过的其他员工也赞同塞萨拉尼这一观点。拉尔夫·劳伦服装公司的一名前高管曾说过："劳伦的独特之处在于他对使命的执着。很多人喜欢追赶潮流，但他不为所动，不随波逐流，这是他最重要的品质。"其实每个超级老板对使命都有源自内心的执着，劳伦也不例外。他的员工们也能感受到这一点。他们知道劳伦要完成一项特殊的使命，他的一言一行都无比重要。当劳伦需要从很多合格的候选人中挑选帮手时，他们便挺身而出。

劳伦不仅激励他的员工创造优异表现，还要求他们在时尚行业取得新突破，做一些业内人士没有做过的事情。他要求员工创造性地工作、冒险，把他们的才华和见识融入到工作中。

如今，绝大多数组织都在寻找培养人才创造力的方式，遗憾的是它们的做法都不太使人满意。而我所研究的超级老板们已经找到了突破口。我们将会在下一章看到，这一切都归结于超级老板们精湛且乍看起来高深莫测的手段。即给予员工自主权，并且比任何人都坚决维护这一主张。

第 4 章
"鲨鱼狩猎式"思维，激发人才执著的创新力

SUPER
BOSSES

HOW EXCEPTIONAL LEADERS
MASTER THE FLOW OF TALENT

乔治·卢卡斯

离经叛道型超级老板，电影特效技术的开拓者，工业光魔公司的老大

    乔治·卢卡斯，导演、制片人、编剧，被称为"星战之父"。1977 年，卢卡斯执导了影片《星球大战》，并获得了第 50 届奥斯卡奖两项提名。随后，他执导多部《星球大战》系列电影。2005 年，卢卡斯获得美国电影学会颁发的终身成就奖。

如果你是一位资深影迷，也许会记得于 1956 年上映的、具有历史意义的电影《禁忌星球》(*Forbidden Planet*)。作为早期科幻大片，《禁忌星球》创造了电影史上的 4 个第一：第一部完全以外星生活为背景的电影；第一部以一个具有人类性格的机器人作为主角的电影；第一部描述星际旅行的电影；第一部完全用电子仪器谱曲的电影。

如今的观众也许会对这部电影的粗陋制作嗤之以鼻。可是在 1956 年，一名 8 岁的小男孩却被这部前所未见的电影深深吸引，他感觉自己被带到了一个外星世界："我记得自己坐在电影院里，希望电影能够快点结束，这样我就能回到地球。在电影末尾，当他们终于开始返航的时候，我心里如释重负，因为我害怕一直待在外星球上。"电影中的电子原声音乐尤其让他感到

震撼，它听起来既像特效，又像音乐。

那名小男孩就是本·伯特（Ben Burtt）。1977 年，他有机会参与制作另一部具有开创意义的科幻电影——《星球大战》。作为南加州大学影视节目制作专业的本科毕业生，伯特欣然接受了这个机会："我知道，这就是我这辈子一直想拍的电影。"在乔治·卢卡斯的电影创作理念中，音效占据着最重要的地位。它必须新颖，根据电影的需求进行创作。从资料库里借用的音效片段无法满足这一要求。当时，科幻电影都是以电子音效为主，《禁忌星球》也不例外。到了 20 世纪 70 年代，那些老掉牙的音效早已不能获得影迷的喜爱。卢卡斯想要采用一种新方法，即在电影中不使用电子合成器产生的声音，而是将来自真实世界的录音作为音效素材，然后根据具体需求在录音棚中进行修改。卢卡斯把这项艰巨的任务分配给了本·伯特。

伯特录下了厨房电器、高速公路车流、野熊以及深海潜水器的声音。他很快就意识到，《星球大战》中的不同情节和角色带来了不同的挑战，其中最大的挑战就是为魅力十足的机器人 R2-D2 配音。"R2-D2 是一个重要角色，他会到处移动，但不会说话，"伯特告诉我，"剧本写着它什么都不会说，只会发出电子噪音，但其他角色和观众要理解他想表达的意思。"伯特不仅要弄清楚那些噪音是什么，具体应该怎样呈现，还要让卢卡斯支持他的想法。

伯特知道，卢卡斯对 R2-D2 的声音有一个大致的期望：它的声音必须是自然的，不能太机械化，而且要表达出一种人类的个性。此外，卢卡斯并没有具体说明他想要个什么样的 R2-D2。所以伯特得给卢卡斯不同的方案，让他决定是否行得通。伯特开始采录不同类别的声音，以鉴别哪些声音适合。当他找到那些他认为可能适用于 R2-D2 的"语言"时，就会邀请卢卡斯一起来鉴别。伯特前期采录的一些声音都被卢卡斯否决了，因为它们不够"自然"。最终，他们意识到最适合 R2-D2 的声音就是先找人把台词说出来，然后再将其与人工合成的声音混合。伯特说："这件事最后演变成由我们两个老男孩一起制作音效，仿佛这样就不会让《星球大战》沦为三流电影。"

R2-D2 背后的想象力确实让《星球大战》与随意的三流电影区分开来。伯特工作得无比欢乐，同时在"谁是老大"这个问题上从未产生任何分歧——卢卡斯一直都是主导者。无论在 R2-D2 的问题上，还是在电影的其他问题上，卢卡斯都知道自己想要什么。而且在该说"不"时，他从不犹豫。伯特回忆说，卢卡斯从来不会花太多时间阐述自己的想法："他可能不会告诉你太多细节，只阐述自己的大致想法。当你向他展示成果时，他可能会说：'我不喜欢这个，还有别的方案吗？'对此我已经习以为常了。"

和其他顶尖制片人不同，卢卡斯希望他的员工能够提出经

过精心考虑的、待完善的想法。伯特说："我就有这种自主权。我会把我的半成熟想法整理好，在他面前呈现出来；他会仔细审视我的想法，将他不喜欢的部分剔除掉，再从中寻找灵感，然后把他自己的想法融入其中。在这个过程中，我可以明确自己对某些事物的想法，看它们是否管用。"

显然，这些想法都奏效了。伯特在现代音效设计上的开创之举为他赢得了 4 座奥斯卡金像奖，其中两座来自他与乔治·卢卡斯合作的《夺宝奇兵》系列电影；另外两座来自他为《E.T.》的主角和《机器人总动员》中的机器人瓦力做的配音。据说他把妻子感冒期间睡眠时发出的声音录了下来，用在《E.T.》中的外星人身上。

在我调研过的每一个行业中，我发现超级老板的得意门生都像伯特一样极具创意和才华。这些人才要么帮助他们的老板改革了提供服务的方式，要么改善了大学捐款的投资模式，或者重新定义了漫画书的形式和彻底改变了科幻电影行业。正如我们所看到的那样，超级老板总是在坚持物色最与众不同、最有天赋的可用之才。令我好奇的是，一旦超级老板们将伯特这样的人才揽入麾下，他们要怎样做才能激励这些人才履行自己的职责，并将他们的创新潜力发挥到极致呢？

答案似乎有些矛盾。一方面，超级老板对某个项目、某家公司，甚至整个行业有着清晰且不可动摇的目标或愿景，他们激励员工，希望其全力以赴达成目标；另一方面，超级老板也鼓励员工反思与工作相关的任何事。他们希望员工将反思视为核心工作职责。这一看似矛盾的做法在卢卡斯独特的工作方式中得到了体现。

在思考 R2-D2 配音的过程中，并没有人要求伯特盲目遵从卢卡斯的要求；只要他没有逾越卢卡斯的界限，他就有足够的自主权去制订方案。超级老板希望下属所做的事情能让他们感到惊喜，因而会促使员工去寻找新机会，并支持其在必要的情况下改变方向。这种坚定不移的愿景和开放意识的奇怪组合看似不可能存在，但超级老板们确实借此激发出了员工的大量新鲜想法，并在此过程中不断推动组织走向成功。

坚守目标与持续变革的矛盾统一

超级老板为何能采用这一看似矛盾的管理方式，并取得不俗成效？在极少数组织中，你可能会遇到奉行"自由放任"管理原则的领导者，他们对员工尝试的任何事物都持开放态度；而在绝大多数组织中，你会发现管理者根本不愿听取下属的新想法。也许有的管理者会大谈特谈创新的必要性和适应市场环境的重要性，但只是为了让员工根据他们制订的明确规则、指示、界限和目标去做事情，而且不许员工提出任何借口。

绝大多数管理者都把"完成工作"放在第一位，他们并没有把创新纳入日常工作中，或者只是象征性地把创新排在第二位，但重要性远不如第一位。他们组建特别任务团队、委员会和项目团队，表面上是为了提高适应能力、应对瞬息万变的市场，实际上是在遏制创新。他们"挤出"时间进行创新，而非每时每刻都在创新。那些坚持自己，并对变革持开放心态的管理者难得一见。

超级老板之所以能够引领行业潮流，是因为他们本身也是彻头彻尾的创新者。他们并不满足于保持现状或小幅度地改变现状。他们敢于挑战行业惯例，而在某些情况下，这种挑战最终会催生一些全新的产业。超级老板在招聘员工时会含蓄地要求他们认同自己的愿景，并要求他们融入到这场变革当中。但他们还会要求员工持开放态度，接受创新思维。正是这种思维模式，让超级老板得以实现愿景。超级老板希望员工都成为像他们那样有远见卓识的人。在他们看来，创新和永不放弃的愿景未必是矛盾的，两者可能有着密不可分的联系。

明确的目标和持续变革使超级老板管理的企业能够在很长一段时间里连续创新。在超级老板的授权体系下，员工可以对自己岗位上的特定机制、流程、方法和政策进行自主变革。超级老板之所以能取得惊人的成就，是因为他们愿意并渴望改变任何事物，前提是这种改变不能削弱或违背其固有的创新目标。

在许多企业中，高层管理者与中层或基层管理者之间存在严重的分歧。因为前者关注战略，而后者则被认为应该关注执行。人们希望战略家们都善于创新，而占更大比例的执行者们应该服从命令。超级老板不会抱有这种观念。他们认为，无论是起草公司未来三年计划的决策者，还是为下周销售运营协调后勤工作的执行者，都要进行思考。

在人才培育专家看来，即使是执行最微不足道的任务，也是把事情做得更好的良机。在给公司带来更高收益、使公司变得更有活力的过程中，每个人都能体验到满足感和责任感。我们将在第 6 章中看到，超级老板有时候也会毫不犹豫地投入到日常的琐碎工作中去。他们将愿景融入到日常工作当中，使之更接地气、更具有活力。

爱丽丝·沃特斯的潘尼斯之家就是超级老板将战略与执行相结合的完美例证。沃特斯在巴黎学习烹饪时，人们对本地新鲜食材的热爱给她留下了深刻印象。虽然沃特斯习惯了典型的美式膳食，但在法国的经历让她的饮食观念发生了转变。法国的农贸市场让她大开眼界：商户可以说出每一颗莴苣、每一捆韭菜和每一根茄子的原产地；来自街区小餐馆的厨师一大早就来到市场抢购豌豆和花椰菜，用作当晚的配菜；家庭主妇们则排着长队，购买产自利穆赞地区的去骨牛排、产自布列塔尼的鱼、还有产自奥弗涅大区的坎特尔干酪，她们将这些食材烹制

成美味的晚餐，再配上一杯醇香的桑赛尔或勃艮第葡萄酒。法国人喜欢腾出时间和家人朋友聚在一起，享受一顿美味大餐。在1971年创立潘尼斯之家时，沃特斯想把把法国人特有的膳食习惯在美国发扬光大。在这个愿景的驱动下，她做出了当时餐饮界闻所未闻的事情。

那时候，美国绝大多数的餐厅老板都是从批发商那里采购食材，而沃特斯和她的员工则不辞劳苦地寻找最优质的小型农场，直接从那里采购。她没有推出固定菜单，而是每天都更换一份新菜单，菜单上的菜式所用当地食材，都是在它们最新鲜的时候采购的。"尽管这种烹饪定制菜谱的方式看起来是最天然的，"沃特斯的徒弟西恩·利珀特告诉我，"但无论在当时还是现在，仍然有很多人表示不理解。"

普通厨师在确定菜单的时候会考虑食材的成本，但沃特斯不会这么做。"如果她想买某种食材，比如松露，那她是不会太在意价格的，"一位旁观者说，"有时，她手里拿着一把刮刀，在餐厅里给每桌客人都免费刮一点松露，就是为了看到洋溢在客人脸上的喜悦。"在一次采访中，沃特斯承认她总是以高标准要求自己，而这是以牺牲商业利益为代价的。她说："我自己从不会妥协。也许我真的太过理想化了，但我只不过想把精力完全集中在食物品质上罢了。"

你可能会觉得，像沃特斯这样对食物如此严格的老板不会给员工留下创新的空间，但实际情况并非如此。潘尼斯之家的明星级糕点厨师林赛·希尔告诉我："沃特斯会倾听很多人的意见，而且她会招聘很多能启发她创意的人。但只有她才能将所有创意综合在一起，变成每个人都能理解和领会的事物。"

乔安妮·韦尔将沃特斯称为"潘尼斯之家的概念主义者"。沃特斯的工作方式类似于乔治·卢卡斯和本·伯特的合作方式：她会给予团队成员一定程度的自主权，也会用突然袭击的方式检验和调整他们的工作，并在必要情况下与他们共同寻找解决方案。西恩·利珀特说："沃特斯不是那种高高在上的人，她善于指引员工。当你在厨房费力做某件事的时候，她也会低头盯着操作台，专注于同样困扰着你的问题。她会告诉你她想要什么样的感觉，或者向你传授一些只有内行才能理解的技能，这能赋予你不少解决问题的灵感。"

利珀特补充道，在开会的时候，沃特斯从来不是唯一发言的人。她会征求员工的意见，从来不因为员工跟自己意见相左而感到愤怒。于是，员工可以不受约束地提出各种想法。沃特斯本人强调开放、灵活的合作精神，这是她治理团队的核心理念。"那些没有团队合作精神的人不应该在潘尼斯之家工作。"沃特斯对我说，"我需要的合作，是做一些一加一大于二的事情。"在沃特斯看来，她的餐厅就像一支交响乐团。这种团队协作虽然复杂，却能产生美妙无比的结果。她说："你得有出色的

乐手，还要激励他们，因为说到底，他们才是演奏出美妙音乐的人。"

无论组织的规模大小，保持开放的心态会让管理者对创新有更深的认识。大多数管理者都明白创新的必要性，但他们担心过度创新会弱化组织核心竞争力和偏离发展轨道。那么你应该改变什么？又应该保留什么？你的底线在哪里？对此，超级老板给出了一个明确的答案：保持企业的初心，但要不断完善做事方式，并将其视为关乎生死存亡的大事。超级老板会告诉你，对企业而言，创新确实生死攸关。

拥抱风险，追随直觉

创新存在于超级老板的基因当中。当你仔细研究这些"创新大师"所做的事情时，一个清晰的模式就会浮现出来。每一名领导者、管理者和员工都可以从这个模式中学到重要知识。超级老板会采取 3 种截然不同的措施来培养员工的开放程度和创新精神。

首先，超级老板鼓励下属勇于承担风险和打破规则。啤酒牛肉派公司（Steak and Ale）前董事长兼 CEO 凯尔·克雷格（Kyle Craig）回忆说："我的超级老板诺尔曼·布林克会质疑我，他会说：'你觉得你还能做些什么？还有哪些方法是有效的？去尝试些新事物吧！'这是非常有效的激励，让我们以不同的方式去做事。'"

比超级老板的话语更有影响力的是他们所起的表率作用。我所研究的超级老板都深受下属的推崇，因为他们愿意颠覆陈规，敢于质疑自己的假设。

比尔·沃尔什的"西海岸进攻体系"是在球队遭遇一连串失败后，在赛季中期进行的战术调整。1970 年，比尔·沃尔什在辛辛那提猛虎队担任保罗·布朗（Paul Brown）的助理教练。猛虎队的明星四分卫格雷格·库克（Greg Cook）在上赛季意外受伤，职业生涯宣告终结，球队的攻击力也因此一蹶不振。根据沃尔什的判断，库克可能是有史以来最具潜力的橄榄球运动员，因为他身上不仅兼具名人堂球员乔·蒙塔纳（Joe Montana）和史蒂夫·扬（Steve Young）的优点，而且他比这两位球员更高大魁梧。沃尔什依靠库克打长传进攻战术，该战术创造了NFL 新秀至今无法打破的单次平均传球码数记录。然而，库克缺阵后，沃尔什最爱用的垂直传球战术就不管用了。在猛虎队遭遇六连败之后，沃尔什开始启用替补四分卫球员维吉尔·卡特（Virgil Carter）。

尽管卡特没有库克的大长臂，但他灵活、准确、机敏，这三大特点后来成为沃尔什和西海岸进攻体系选择四分卫的标准。为了充分利用这些特点，沃尔什用一种以掌握时机为基础的水

平式进攻取代了垂直进攻。该战术的关键点是在争球线1码范围内精确掷球。最重要的是，卡特在这个进攻体系里能够扬长避短，充分发挥个人优势。

西海岸进攻体系不但改变了橄榄球的历史，还改变了猛虎队下半赛季的成绩走势，他们赢得七连胜后，顺势拿下了该队历史上的首个分区冠军。然而，尽管该进攻体系取得了一定成效，但要凭借它在联盟中占据压倒性优势，它的攻击性还远远不够。这迫使沃尔什进一步完善这个体系。沃尔什回忆说，有一天布朗找到他，要求"更快速的移动、更强的统治力"。沃尔什解释说："尽管那时候我们有一些优秀球员，但猛虎队的攻击力在联盟中只排在中游，对很多队伍都没有威慑力。因此，我在战术中加入了更多'借位进攻'技巧。"这种科学的传切战术，使沃尔什在担任斯坦福大学橄榄球队主教练和大联盟球队主教练时获得高度评价。完善后的进攻体系让其他球队开始惧怕猛虎队，它几乎变得无可匹敌。

有时候，本能的、心血来潮的改变会决定超级老板所在企业的形象。诺尔曼·布林克创立的第一家餐饮企业是位于得克萨斯州达拉斯市的布林克咖啡馆，它的宗旨是为顾客提供质优价廉的食品。但咖啡馆的平均客流量太低，赚不到钱。1965 年，在咖啡馆开张的几年后的一个夏天，布林克和他的生意伙伴打算开一间颇为新潮的、介于快餐和精致料理之间的休闲餐厅。

他们猜想新餐厅在正餐时间的客流量会比较高，收益将超过咖啡馆。布林克在不经意间为新餐厅想到了两个卖点，并设想它们很快就会在行业里流行起来。第一个卖点就是现在颇受嘲讽的习惯用语："你好，我叫XXX，是您今晚的服务员。"这个想法源自布林克"休闲餐厅应该给客人营造一个友好的氛围"的观点。第二个卖点则是沙拉吧台。那时候，这种吧台只出现在低档自助餐厅中。

最初，布林克打算把新餐厅打造成中世纪风格的休闲餐厅，但在开工建设后的某个晚上，他观看了1963年的英国冒险喜剧《汤姆·琼斯》。这部电影有很多著名的片段，其中一段就是汤姆·琼斯跟沃特斯夫人一起坐在一家18世纪的英国小酒馆中默默地吃着一顿丰盛的晚餐。他们大口地啃着鸡肉，吸着牡蛎，放肆地嚼着多汁的梨子，以此表达对彼此的性欲。第二天早上，布林克醒来时无比兴奋，因为他突然有了一个主意：把餐厅装饰成中世纪的风格。这间后来被称为"啤酒牛肉派"的餐厅因有趣的冒险气氛而闻名,其设计灵感正是来自电影《汤姆·琼斯》。在布林克的设想中，餐厅还要有年轻迷人的侍应生，穿着随时可以脱下来的英式褶边连衣裙和齐膝短裤。

为了找到这种侍应生，布林克把目光聚焦在了在校大学生身上。此前,这是一个很少被餐饮业利用的群体。现在回想起来，这看似是一个合理的选择，因为在校大学生态度很友好，对工

资要求不太高，而且很符合休闲餐厅的形象。布林克开车到南卫理公会大学去招人。他联系到了大学联谊会，并承诺学生们可以根据上课进度自主安排工作时间。布林克告诉我："第二天，有四五十名大学生来面试，简直太棒了。"

啤酒牛肉派餐厅在 1966 年开张之后即大获成功。这家餐厅迅速扩张，开设了多家连锁店，并在 1971 年上市。1976 年，当啤酒牛肉派餐厅被品食乐集团收购时，它已经拥有 100 多家分店。后来在领导布林克国际公司（Brinker International）时，布林克敢于冒险和打破常规的个性一直没有改变。布林克国际公司是一家资产达数十亿美元的连锁餐饮集团。

布林克的员工回忆说，布林克的成功秘诀在于他不断适应多变的消费潮流。"布林克经常对我们说，成功的关键在于顺潮流而动，"啤酒牛肉派餐厅前 CEO、现任汉堡王连锁餐饮集团 CEO 卢·尼布（Lou Neeb）说，"顺潮流而动的意思既不是站在潮流面前被潮流淹没，也不是跟在潮流后面被潮流抛弃。布林克身上有一样东西是永远值得信任的，那就是他了解行业的现状和发展方向。"

大家都知道布林克说过这样一句话："除了赢得回头客，其他一切都微不足道。"其实还有一样东西对布林克来说是无比神圣的，那就是他的愿景，即"休闲餐厅"的概念。在这个愿景下，灵活性和合理的冒险也极其重要。布林克的一位下属回忆说：

"他希望员工敢于冒险。根据经验，如果你不做些与众不同的事，你和布林克产生矛盾的概率就很大"。

对大多数超级老板而言，只敢于冒险是不够的，他们还希望员工主动承担风险。你是否听某位企业高管说过："为什么他们总是在征求我的许可？"其实他只是希望一旦有人提出一个想法时，他的团队能积极行动起来。对于这位高管的问题，人们的答案通常是这样的："你最好先征求一下老板的意见，因为老板不一定像你想象中那么开明。"超级老板会让员工打消这一念头。杰伊·恰特的门生、恰特戴伊广告公司前 CEO 阿德莱·德霍顿（Adelaide Horton）回忆说："在恰特戴伊广告公司，实干家会得到奖励，而且可以随心所欲做任何事情。如果你找到杰伊，告诉他你打算如何把一件事做得更好，他就会说：'放手去做吧！'"

建立信心，消除对"尝试"的畏惧感

超级老板培养下属开放心态的第二种方式就是消除员工尝试新事物时的畏惧感。如果你发现自己的员工似乎没什么创造力，分析其原因，我敢肯定你会发现他们大部分是因为害怕失败。这种对失败的畏惧感并非毫无依据。在很多企业中，"失败"是一个不受欢迎的字眼。如果你把事情搞砸了，就会被认贴上

"不可靠""无能"甚至其他更不堪入目的标签。当然,超级老板不会像大多数人那样看待失败。相反,他们善于重新定义失败,会把它当做一种潜在的机会。换句话说,他们不害怕失败,而是将它视为通往成功路上必须迈出的一步。

曾与乔治·卢卡斯和迈尔斯·戴维斯合作过的数字媒体监制斯科特·罗斯(Scott Ross)告诉我:"卢卡斯和迈尔斯都是无所畏惧之人。也许他们会在夜深人静的时候有一丝恐惧;可在我面前,他们表现得就像是 20 岁的小伙子,时刻准备着迎接挑战和失败。"曾于 20 世纪 80 年代在汉堡王公司与诺尔曼·布林克共事过的凯尔·克雷格回忆说,布林克曾公开承认他对布林克咖啡馆经营不善:"过去,他从来不愿意承认自己的失败和错误。但现在,他的这个做法让周围的人都感到惊喜和安心。"

超级老板还会营造一种培养创造力工作环境,从而减少员工的畏惧感。按照史蒂夫·阿尔伯蒂(Steve Alburty)的说法:"杰伊·恰特的广告公司是我这辈子效力过的最独特的企业,因为里面有着浓厚的创新氛围,并且尊重个性自由。"富有传奇色彩的电影制片人罗杰·科尔曼以让演员在镜头面前自由发挥而著称。回想起科尔曼的行事方式,一名演员说道:"在我印象中,他从来没告诉我应该如何说台词,也从来没有告诉和我搭戏的演员我们拍电影的动机是什么。"当老板没有时刻监督自己的工作时,员工便会感觉到老板已经默许他们在工作中承担风险和表达自我了。

超级老板聘用员工，是因为他信任这些员工。对比之下，如今很多人之所以不分昼夜地给同事发邮件，正是因为他们没有自主决策的信心和权力。

---SUPER BOSSES---

超级老板不会像大多数人那样看待失败。相反，他们善于重新定义失败，会把它当做一种潜在的机会。

为了帮助下属克服"厌恶创新"的心态，超级老板会为他们创造机遇，让他们贡献出自己的力量。对冲基金经理人朱利安·罗伯逊会坐在他宽敞的办公室中间，和分析师大声争论他们所提出的观点。不是每一个分析师提出的观点都能得到罗伯逊的赏识，如果罗伯逊认为某个想法很愚蠢，他就会提出反对意见。有时候，他会越说越生气，态度也变得强硬，这样做并非没有效果。

他的分析师告诉我："大家不会介意，因为每个人都会经历这个过程。有时罗伯逊会说：'你说这个公司出了一款伟大的产品，我觉得很一般，而有的人说这款产品很差。'"员工们都知道，开放式的争论就是罗伯逊的行事风格。他非常喜欢新想法，不会给员工们实践创意增加阻力。与如今很多企业的办公室不同，罗伯逊的办公室是一个可以容纳创新思维和做法的安全空间。

诺尔曼·布林克

人生导师型超级老板，激励员工打破规则，竭力确保下属取得成功

　　诺尔曼·布林克曾是美国餐厅运营商布林克国际（Brinker International）的 CEO。他创建了啤酒牛肉派餐厅（Steak and Ale），并将其发展为上市公司。在经营餐厅的过程中，他一直坚持打造"休闲餐厅"的理念，并不断做出创新之举。

不满足于当下，做一直寻找猎物的鲨鱼

鼓励下属永远不要满足于现有成绩，是超级老板培养员工开放心态和创新精神的第三种方式。迈尔斯·戴维斯过去常常这样教导自己的学生："想永远成为一名伟大的音乐家，你就要对新事物和当下正在发生的事情持开放态度。你要接受它、吸纳它，这样才能不断成长，并把你的音乐传递给更多人。"

我一再地发现，超级老板都是技艺高超的冷酷猎手，他们总是在探寻下一个伟大的产品创意、下一个大趋势，以及下一位可以聘用的优秀人才。喜剧演员柯南·奥布莱恩（Conan O'Brien）曾参与过《周六夜现场》的制作，在谈到这档节目时，他说："这档节目的任务是抓住热点和人们喜欢的东西，然后就像鲨鱼逮到猎物一样，紧咬不放。"在一次采访中，洛恩·迈克尔斯证实了这个说法，他说："保持变革和面向未来是这档节目的永恒特征。我知道大家都认为《周六夜现场》必须办下去，但改变也同样重要。"

"一直在寻找猎物的鲨鱼"这个比喻适用于我研究过的每一位超级老板。他们都有着提升自我的无穷驱动力，而这种驱动力部分来自竞争压力。沃特斯告诉我："我们总在寻求不断变化，这是一种强迫症，一种痴迷。我不知道它从哪里来，只知道它在推动我前进。"在 1975 ～ 1980 年为杰伊·恰特工作的大卫·墨

菲（David Murphy）说："创新是杰伊的突出个性。他认为冒险是完全可以接受的，但无法忍受谨慎行事。"

如果说超级老板害怕什么事情的话，那这件事并不是带着创新精神去冒险，而是停止创新、在自满中慢慢老去。萨尔·塞萨拉尼是这样评论拉尔夫·劳伦的："我告诉你，拉尔夫永远不想变成老头。就像电影演员加里·格兰特[1]，即使他年龄再大，也没有人会认为他已经老了。拉尔夫接下来会做什么？没有人知道。但他自己肯定已经想好了。"

研究任何一名超级老板，你都会发现他是无数创新之举的主导者。而这些创新源自超级老板对新奇事物的无尽好奇心和不断成长的渴求。著名电视制作人鲁尼·阿尔列奇（Roone Arledge）在他职业生涯早期的一些做法彻底改变了体育转播行业，比如即时重播、现场声效（往常的体育节目不会把比赛现场杂乱无章的声音播出来）、比赛期间采访、慢动作回放、图形显示统计、赛车上安装摄像机等。对即时重播技术的发展历程进行深入研究之后，我们对超级老板在职场的"鲨鱼狩猎式思维"有了大致了解。

阿尔列奇曾在《花花公子》杂志的采访中讲到，有一天，

---

[1] Gary Grant，"二战"前多部影片在中国上映，代表作有《费城故事》《西北偏北》等，1999 年，他被美国电影学会评为百年来最伟大的男演员之一。——译者注

他利用和美国广播公司（ABC）工程师鲍勃·查钦格（Bob Trachinger）出去喝酒的机会问到"是否可能用慢动作重播一些画面，从而知道某个运动员是在界内还是界外"，查钦格在餐巾纸上大概写了一下慢动作的产生原理。"那天下午，我们一边闲聊，一边画草图，然后一起喝啤酒。在聊天快结束的时候，我们对第一套即时重播装置已经有了计划。"阿尔列奇说。对超级老板而言，跟同事喝几杯啤酒不仅是一种社交手段，还是商讨行业创新的好机会。

超级老板可以采取多种形式进行"鲨鱼式狩猎"。诺尔曼·布林克非常善于预测餐饮业新潮流，因为他在不断地揣摩消费者心理。布林克并不满足于研读普通的市场调研报告，他会经常去自己的餐厅里转悠，跟顾客和员工交谈。这为他在餐饮行业赢得了平易近人和谦虚好学的名声。他经常假扮成不了解当地状况的游客，在自己的餐厅外向那些刚离开的顾客询问就餐体验。有时，他还假装成竞争对手的经理，询问顾客对菜肴和餐厅服务有何意见，从而进行对比研究。即使到了晚年，在百病缠身的情况下，布林克仍然坚持向顾客询问他们的真实用餐体验。这样做的唯一目的就是快人一步。"你一定要与时俱进，"他曾经说，"因为顾客无时无刻不在改变。"

我曾亲眼目睹超级老板的"鲨鱼式狩猎"。有一次，克鲁时装公司（J. Crew）CEO 米奇·德雷克斯勒（Mickey Drexler）

为达特茅斯大学塔克商学院的 MBA 学生演讲。在这种场合下，大部分企业高管往往只会礼貌性地回答学生们提出的问题，但德雷克斯勒不会这样做，他会利用这样的机会与学生们举行非正式的研讨会。他调动学生们的积极性，让他们提出一些新点子，毕竟这些学生是克鲁品牌的目标消费人群。

"你觉得你的拉德洛（Ludlow）夹克怎么样？"他问一名穿着克鲁牌服装的学生，"你在哪里买的这件衣服？你觉得它跟我们的卡其裤配吗？你的朋友中有多少人穿拉德洛品牌的服装？"然后，他对所有的学生说："好了，请问在座有多少人穿拉德洛品牌大衣？请举手！"德雷克斯勒这一整天都在做同样的事情。当学生们不知道该如何回答某个问题时，他会递上自己的名片，让他们把答案用电子邮件发给他。对德雷克斯勒来说，和学生们在一起的每一分钟都是认识新事物的机会，这有助于他推动业务发展。

正如你想的那样，类似于德雷克斯勒这样的超级老板非常关心下一步的行动，他们不会恋旧。特隆赫姆交响乐团的总指挥埃文德·艾兰德（Eivind Aadland）告诉我："我的超级老板约玛·帕努拉如果找到一个简单有效的、新的解决方案，他可不会在乎别人以前是怎么做的。他丝毫不受传统和历史经验的影响，他只想着怎么能解决问题而已。"在艾兰德看来，正是因为这种长期坚持下来的态度，帕努拉才会教导他的学生：指挥家的角色必须从"过去的独裁者"向"交响乐团的普通乐手"转变。

这种拒绝将自己与过去绑定的做法与超级老板所取得的成就密不可分。罗杰·科尔曼的一名助手偶然看到了一篇旧影评(电影由科尔曼主演),并将其给科尔曼看。看完那篇影评之后,科尔曼立刻给它找了个安身之所——垃圾桶。正如电影导演乔·丹堤(Joe Dante)所说那样:"我觉得科尔曼根本不会在乎过去,他只会往前看。"

超级老板永不消失的猎奇心理不仅会激励下属拓宽思维,还会为他们注入炽热的能量。这种能量让员工觉得既疲倦又兴奋,而且无法抗拒。汉堡王公司前董事长兼 CEO 卢·尼布在回忆起他与布林克共事的那段光阴时说:"我所体验到的那种感觉、心情和工作强度是很难用语言描述的,但如果当时你在场,那就很好理解了。"卢卡斯影业的员工希德·甘尼斯(Sid Ganis)告诉我:"我在卢卡斯影业工作了六年半的时间,这段时间里我每天都充满了激情。那里从来不缺乏激情,我们每一天都过得非常美妙。"

超级老板的员工会持续地进行创新,而且在很多情况下,他们从超级老板身上获取了强大的成长驱动力。这给了他们离开超级老板去追寻更高目标的勇气和资本。超级老板教会下属洞察人生而非沉迷生意;他们劝诫员工接受现实,也鼓励其勇

罗杰·科尔曼

了不起的混蛋型超级老板，敢让编剧做演员，敢让助理导演做编剧

罗杰·科尔曼，美国电影导演和制片人。从 1955 年到 1970 年，他导演了 50 多部电影。1970 年之后，他担任了 350 多部电影的制片人，被称为"B 级片之王"。2005 年，科尔曼在纽约恐怖电影节上获终身成就奖。

敢地提前迈出很多步，并希望他们坚持下去。他们激励员工每天都要给自己的工作注入新元素。这不仅使超级老板获得了巨大的财富和影响力，还让那些有幸与其合作的人也取得了不俗的成绩。

催动变革持续发生的"志愿联盟"

超级老板会聘用非凡的人才，这些人通常比同龄人更具天赋，而且显得与众不同。为了释放他们的才华，超级老板会用愿景激励这些人才，也会想方设法提高他们的积极性，把他们的潜能挖掘到极限的同时又赋予他们追求卓越的信心。如果这些方法都不奏效，超级老板就会迈出至关重要的一步，他们会告诉员工："好了，现在你要重新思考每一件事。去改变这个世界吧！"

所以，超级老板给我们呈现的是一套公式（或准则）。我们可以用这套公式去成立有活力的组织，创建持续变革、不断适应新环境、义无反顾地奔向未来的企业。一直以来，职业经理人和商业学术人士都在思考：领导者如何才能创建这样的组织？哈佛商学院的约翰·科特（John Kotter）教授在他具有开创性的著作《领导变革》（*Leading Change*）中提出，那些致力于改变组织的领导者需要在员工当中营造一种紧迫感。变革是艰

巨的，因此领导者要构建一个科特所说的"燃烧平台"，并在此平台上制订变革方案。其背后的潜在逻辑就是：只有当组织处于一个极其糟糕的环境中时，变革才能发生，而糟糕的环境是指某个市场或行业已经进化完成，但企业却不幸地脱离了市场环境，因此必须立刻进行变革。

科特的"燃烧平台"理论有很多可取之处，永远持开放心态的超级老板们给我们提供了一种方法，该方法造就了思考变革的新思维。超级老板所创建的组织具有持续的适应力和创新能力；实际上，与"基业长青"型组织相比，这是一种"持续变革"型组织。超级老板的组织从不会遇到科特所设想的危急时刻，因为它们总是以一种自然的方式成长和进化。它们引领行业的变革，使其他企业成为追随者，并让其在落后太多时产生危机感。这种先发制人的姿态难道不好吗？一个人为什么非要到奄奄一息时才开始注意饮食和锻炼身体呢？

——————————— SUPER BOSSES ———————————
　　超级老板会用愿景激励这些人才，也会想方设法提高他们的积极性，把他们的潜能挖掘到极限的同时又赋予他们追求卓越的信心。

科特还提出：领导者说服其他人接受变革的必要性之后，

就要在组织内动员大家团结起来，推动组织变革。在超级老板
领导的组织中，这一步（以及科特建议的其他步骤）并不是必
选项。超级老板聘用了能够适应变化的员工，激励他们去做出
改变，并且赋予他们在每一个关键时刻进行变革的信心。超级
老板这种独特的行事方式已经为他建立了牢固的"志愿联盟"。

推动长期变革需要技巧，除了超级老板，很少有领导者能
掌握这一技巧。正如柯林斯和其他许多学者所提出的那样，超
级老板不会根据某个具体框架或公式去构建组织，而是会在他
们坚定不移的愿景框架内推行变革的思维模式。这种思维模式
可以吸引有创造力的人才，使所有员工共同经历强化开放意识
的过程，从而形成一种根深蒂固的开放型文化，最终带来持续
的变革和成长。

如果你是一名拥有坚定愿景的老板，那何不跟那些犹豫不
决的想法来一次正面碰撞呢？和你的团队坐下来，让每个人都
写下 3 个对目前正在筹划的战略、新方案或项目的主要看法。
如果你和团队成员写下的观点不同，不要惊讶，因为你这样做
的目的只是想让大家知道，他们完全可以对你想要做的事情进
行检验、对比和质疑。你们会发现，处理一个问题也许有很多
合理的方式，而你们应该选择最优解决方案，而不是墨守成规。

很多组织都有着显而易见却无法解决的问题，或者有一些
从未改变的特定做事方式和规则。因为人们都没有勇气去质疑

它们，久而久之，它们变成了"不能讨论的话题"。这不但限制了人们的思维，而且妨碍了组织去塑造一个健康的问题解决流程。为了使组织打开变革之门，我们可以邀请员工们对那些"不能讨论的话题"进行开诚布公的探讨，并奖励那些敢于提出棘手问题的员工。

你还可以审视自身的沟通方式和态度——你是否将某些惯例视为神圣不可侵犯？如果你传达出不鼓励变革或完善现有做法的信号，那你就别指望他们会再提出新想法。最后，你可以评估你的关键绩效指标（KPI）是否支持执行层面的创新，如果答案是否定的，那么是时候改变你对员工业绩的评估方式了。

不要害怕新事物。敞开你的心扉，放下担忧，要知道你也忠于你真正重视的事情。如果你已经跟员工建立了一种亲密无间的互信关系，那就更容易鼓励彼此敞开心扉。我所研究过的超级老板正是与员工建立了这种关系。他们投入大量精力，以言传身教的方式持续指导年轻员工。对很多管理者而言，进修或培训都是很好的培养员工的方式。但超级老板的直觉告诉他们，无论是指导员工提升创造力，还是传授员工其他知识，在大师身边进行体验式的在职学习是最有效的。师徒制是传授知识最成功、最先进的形式之一，可能也是最古老的职场管理模式之一。

第 5 章
我们不是老板与员工，而是师父和徒弟

SUPER
BOSSES

HOW EXCEPTIONAL LEADERS
MASTER THE FLOW OF TALENT

迈克尔·迈尔斯

人生导师型超级老板，走动式管理者，热衷于和任何员工做交流

　　曾在李奥贝纳广告公司工作 10 年（1961 ~ 1971 年），他还曾在卡夫食品、肯德基、菲利普·莫里斯等公司担任首席执行官。他也是时代华纳、戴尔、美国航空等公司的董事会成员。

假设你身处 15 世纪的意大利。此时正值文艺复兴时期，你有志成为一名艺术家，因此你必须掌握一项技能——绘画。但你要去哪学习绘画技法？在那时，学校里并没有开设美术专业，你也不能上网观看教学视频。你所能做的就是找一位绘画大师，给他当学徒。如果你只是一名初学者，你就要接受基本功训练；如果你的技艺已经相当纯熟，你就要协助大师完成别人委托的艺术作品，从而磨炼、提升自己的绘画技能。

在文艺复兴时期的意大利，刚刚崭露头角的艺术家特别喜欢向一位名家拜师学艺——安德烈·德尔·韦罗基奥（Andrea del Verrocchio）。从 1460 年开始，韦罗基奥就经营着一间制作油画、雕刻和青铜雕像等工艺品的作坊，客户大多是富商巨贾。韦罗基奥以绘画见长，尤其擅长表现文艺复兴时期作品中常见

的精致布料质感。

学者吉格塔·达利·雷戈利（Gigetta Dalli Regoli）指出："韦罗基奥能够识别出他那个时代里有天赋、有想象力的年轻人，而且很快就和他们建立合作关系。"圣洛伦佐教堂（Basilica of San Lorenzo）和美第奇墓室（Medici Tomb）都是高难度项目，但由于韦罗基奥擅长聚集一群有天赋的学徒，所以他和他的团队能够在较短的时间内轻松完成。

在韦罗基奥手里，师徒关系变成一种非常强大的优势与知识传授体系。研究员利勒塔·弗纳萨利（Liletta Fornasari）将韦罗基奥的工作坊描述为一间名副其实的"设计学院"，韦罗基奥在那里向学生们传授透视画法并鼓励他们练习写生。韦罗基奥的独特教学方式之一就是让学徒们在布料上作画。他还会用石膏制作人物和人体部位，作为助手素描时的模型。

对年轻学徒而言，韦罗基奥的工作坊代表着美术工艺的最前沿，是个魅力十足的艺术圣地。他们可以在里面工作，还能学到各种工艺知识，包括化学颜料的制备、绘画工具的新使用方式、新颖的金属铸造流程等。韦罗基奥所付出的努力也让他成为那个时代的超级老板。他的工作坊里走出了意大利文艺复兴时期最著名的艺术家，包括彼得·佩鲁吉诺（Pietro Perugino）、桑德罗·波提切利（Sandro Botticelli）、多梅尼哥·基尔兰达约（Domenico Ghirlandaio）、以及弗兰西斯科·波蒂契尼

（Francesco Botticini）等人。韦罗基奥甚至培养出了西方艺术史上最伟大的艺术天才之一：莱昂纳多·达·芬奇（Leonardo da Vinci）。

由于达·芬奇惊人的天赋及艺术成就，人们很容易忘记他曾经也是一名当过学徒的年轻艺术家。正如研究达·芬奇的专家吉尔·邓克顿（Gil Dunkerton）所指出的那样："作为一名画家，莱昂纳多的创造力来自他早年在韦罗基奥工作坊所接受的绘画基本功训练。"

达·芬奇在 14 岁的时候就成了韦罗基奥的学徒，不久以后，其绘画技巧显然已经超越了他的师父，开始显露出卓越的才华。韦罗基奥对自己的能力和声望充满自信，他不担心达·芬奇抢了自己的风头。相反，他仍然把天赋异禀的达·芬奇留在工作坊，借机向他学习并进一步提升自己的技巧。最终，达·芬奇成为了一名出色的画师，向他求购画作的人络绎不绝。他是历史上由超级老板带出来的最有名的门生之一。

培养出达·芬奇这种天才的师徒制已经成功延续了数个世纪。因此，你可能认为它仍然普遍存在于发达经济体当中。目前，只有在少数国家（比如德国），师徒制才相对普遍，但管理类岗位较少采用；在其他国家，师徒制已然销声匿迹，取而代之的是普通大学或专业学校的正规教育。年轻人通过实习积累工作经验和知识，而老员工则一般通过形式化和高度规范化的项目

或在线课程从雇主那里接受持续培训。

因此，从全方位绩效评估到培训制，大部分的职场学习方式都已经官僚化，并缺乏人情味。这与韦罗基奥和达·芬奇建立在人际关系基础上的学习方式有天壤之别。2003年，美国有不到50万份规范化的学徒岗位；而到了2013年，由于各企业削减成本，学徒岗位骤减到不足30万。如今，最优秀、最有能力的雇主通常不会优先让下属进行非正式的沉浸式学习[①]。

为了让组织各项工作更加明确清晰，雇主们创办了很多官僚机构，制定了大量的规则，这导致他们与员工的关系变得疏远。雇主们还精心计划每天的工作，确保工作能顺利完成，致使他们几乎没有多余的时间指导或辅导员工。他们当然不太喜欢用"学徒"这一词，因为这一概念看起来有点古怪，就像是从旧时代流传下来的老古董。

对达·芬奇这样的天才来说，近距离的、直接的在职学习有着惊人的效果。如果从事市场营销、律师和销售等现代职业的普通人也采用在职学习的方式，会有怎样的效果？

当员工处于师徒关系之外时，他们也许能学到一些基本知识，但未必能体悟到本职工作中的小细节，也学不到在任何行

---

① Immersive Learning，是指通过虚拟现实技术为学习者提供一个接近真实的学习环境，借助虚拟学习环境，学习者通过高度参与互动、演练而提升技能。——译者注

业都至关重要的"软技能"，例如搭建人际关系网、提供和接受信息、谈判、领导团队等。崭露头角的管理者也许能靠自己找到某个业务问题的"正确"方案，但他们通常需要接受个人辅导，学会如何表述方案，说服老板接受其可行性，并激励同事和下属协助他们实施解决方案。他们甚至需要在别人的帮助下明白一个事实：如果不能团结其他人，所谓的正确方案也不会有太大价值。如今，当受过高等教育的管理者开启职业生涯时，他们的老板基本上都会假设其已经具备了追求卓越的一切能力，然而这个假设并不成立。

和同时代的其他管理者不同，超级老板有一个特点倒是和15 世纪的韦罗基奥非常相似，即全心全意把师徒制当做一种企业经营方式。在聘请员工的时候，超级老板就知道自己正在给员工提供一个在他们身边学习一技之长的机会。超级老板能与员工同甘共苦，并扮演着类似于球员教练的角色。他们不但用这种非正式的指导方式来传授知识，还对员工产生了一种近似于父母对子女的强大影响。

如今，大多数老板会花时间教导或辅导员工。他们会保持言路畅通，问员工一些睿智的问题，和员工一起拜访客户，亲临销售前线，提出宝贵建议。然而，超级老板会比传统的"好老板"更进一步，他们会优化那些值得赞赏的做法，有效地提高目标。在谈到"师徒式管理"时，我所指的是那些比传统意

义上的企业"导师制"更持久、更密切的职场人际关系，这些人际关系可能没有清晰的界限。与"好老板"相比，超级老板因员工的成长和发展而肩负的责任更重大，相应地，员工也更渴望获得上司的关注和指导。

当然，"徒弟们"不仅会跟超级老板学习，还会与其他同事或同行业者互动。他们与超级老板的师徒关系并非那么死板和正式。如果莱昂纳多·达·芬奇一直与韦罗基奥共事，那他就很难取得后来的巨大成就。但他们也需要花时间独处，实践他们学到的知识，并形成他们独有的做事方式。

值得注意的是，有些超级老板不一定会对自己的"师父"角色感到自豪。像拉里·埃里森、杰伊·恰特、迈克尔·米尔肯或邦妮·福勒这种"了不起的混蛋"，往往会选择时机承担起师父的职责。他们不是那种情感外露的人，不会太关心学徒在学习过程中有何感受，他们真正关心的是结果。

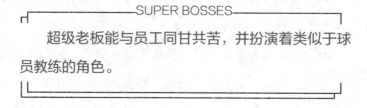

SUPER BOSSES

超级老板能与员工同甘共苦，并扮演着类似于球员教练的角色。

事实表明，师徒制正是催生成果的正确模式。作为超级老板，在接受师徒制的同时，你不一定要顾及员工的情感。前面提到的 3 种类型超级老板在扮演师父的角色时，就已经在自己和下属之间建立起了一种非同寻常的关系。员工跟超级老板学到的知识通常比他们单独接受正式培训时所学到的更多，这让他们表现得更加优异。在将超级老板的事业推到一个新高度的同时，员工也进一步推动了自己职业生涯的发展。有些员工就像达·芬奇那样，创造出令人赞叹不已的名作，凭其自身实力成为了公认的大师。

师徒制，人才联盟的日常灌溉系统

现在是早上 8∶30，你正坐在自己的工位上，准备开始一天的工作。你一边小口喝着咖啡，一边浏览电子邮件，或许还会瞄一眼社交网络上亲朋好友的近况。有一份明天就要提交的演示文稿你还没有完成，正当你打开这份文稿时，感觉身边有个人在徘徊。抬头一看，惊讶地发现公司的 CEO 正冲你微笑，并打了个招呼。你所在公司的总部有数百名员工，而你只是一名毫不起眼的中层管理者。可是，这位富有传奇色彩的人物就这样出现在你面前。他先做自我介绍，然后问你正在干什么。当你把自己所做的事情告诉他时，他说：“我想多了解一些其他信息，你现在忙吗？可以来我办公室聊聊天吗？”

如果你的职业生涯开始于 20 世纪 80 年代的卡夫食品公司，

你可能会以这样的方式偶遇时任公司董事长兼 COO（首席运营官）、后来担任 CEO 的迈克尔·迈尔斯。通过扮演不同领导角色，迈克尔将卡夫食品带入超前的食品营销时代。此前，卡夫食品在市场上的形象是一家生产垃圾食品的公司。在迈尔斯的带领下，该公司变成一家专注健康食物的供应商。1986～1988 年，在迈尔斯的监督下，卡夫公司引进了 350 多款新产品，包括"清淡的"的费城牌（Philadelphia Brand）奶油芝士、低热量的沙拉酱、芝士和冰淇淋等。卡夫旗下好几个品牌的年销量增长率从 1% 增至 4%。迈克尔还成立了一个企业收购小组，负责收购那些能完善卡夫现有产品线的企业，比如后来深受消费者喜爱百吉饼和墓碑比萨等。

当然，迈克尔并不是以一己之力完成这些事情。他有着培养一流市场营销人才的本领，他的门徒名单就是美国消费品营销界的名人录，上面有包括后来成为美泰公司、扬罗必凯公司、吉列、西尔斯、亨氏、好时食品和桂格麦片等企业的 CEO，以及马克·史宾塞公司、3M 公司、CVS 健保公司、金宝汤公司的高管。

通过采访迈克尔的门生，我发现他的成功秘诀之一就是"平易近人"。长期在卡夫食品工作的员工约翰·塔克告诉我，迈克尔是一名走动式管理者，他会去了解公司上上下下的员工，比如跟职位比他低两三个级别的员工共进午餐，就餐地点就在公司的自助餐厅，好让其他员工看到。他的办公室门一直开着，以便任何人在路过的时候可以向他提问或与他探讨公司战略。他还会在某些早上与年轻员工进行即兴谈话。当迈克尔刚来公司时，他会在每天早上随机挑选某个员工，把他叫到办公室，和他大概聊上 1 个小时，但请不要误会，他们并不是悠闲地聊聊体育运动或天气。"我们的话题很严肃，他的问题也非常直接尖锐，"塔克说，"就像是在进行期末考试。"

在塔克任职人力资源主管时，有天早上，迈克尔邀请塔克到他办公室谈话。显然，塔克在这次面谈中表现出色。因为 3 个月后迈克尔给他打了个电话，为他提供了一个巨大的晋升机会——担任整个卡夫集团的人力资源高级副总裁，直接向迈克尔汇报工作。"我通过跟迈克的一次谈话，便得到了这样一个工作机会。"塔克回忆说。不是每个 CEO 都会花 1 个小时跟一个中层管理者聊天。塔克的这次晋升只是他与迈克尔接触的开始。此后几年间，他们两人几乎每天都会有交流。在迈克尔手下当"学徒"的这段时间里，塔克在事业上取得了长足进步。

在师徒制模式中，师父最基本和最关键的做法包括与徒弟共处，了解他们，并且向他们敞开心扉。如果你没有频繁地与员工当面沟通（或者在必要情况下借助通讯工具沟通），你就无法找到一种个性化的员工培训手段。绝大多数老板从来不会这样做，也不想这样做。

令人遗憾的是，热门真人秀《卧底老板》（*Undercover Boss*）中的 CEO 们并非都是那么独特。很难想象，堂堂老板居然要假扮成低级职员去了解公司状况。这些对公司一无所知、脱离员工群体的老板与超级老板相去甚远。和很多老板注重拉近客户关系不同，超级老板更注重加深与组织内部成员之间的关系。像迈克尔·迈尔斯这样的超级老板就懂得有效运用师徒制模式，让员工知道他会随时为他们提供咨询。

保罗·巴塔尔登（Paul Batalden）博士曾任美国医院有限公司（HCA）副总裁，同时也是达特茅斯大学盖泽尔医学院的荣誉教授。他告诉我，他的超级老板托米·弗里斯特是"一位与众不同的 CEO。无论公司是何种规模，即使成为《财富》100强企业之后，你都随时可以跟他见面。他随时都有时间"。弗里斯特还是一名飞机驾驶员，在某些时候他甚至会开飞机送自己的员工去参加在其他城市举行的活动。他会让员工坐在副驾驶的座位上，跟他们探讨业务。

举世闻名的乐队指挥约玛·帕努拉整个白天都和学生待在一起，有时他还会邀请学生到餐馆一边用餐一边探讨工作。"帕努拉有一样十分重要的东西，"他的徒弟朱哈尼·普坦尼（Juhani Putanen）说，"那就是时间。"《费城问询报》的吉恩·罗伯茨常常在家里跟他的员工聊天到凌晨。后来成为《巴尔的摩太阳报》和《洛杉矶时报》掌门人的约翰·卡罗尔（John Carroll）回忆说：

"当罗伯茨想让我承接一个新项目时，他不会把我叫进他的办公室，然后说：'约翰，我想让你做这件事。'你得整晚都跟他待在一起，探讨新项目。"

在企业里，那些想跟老板交谈的员工通常需要提前预约时间。他们也许会给老板的助理发一封电子邮件，而这种交谈通常会发生在工作时段之外，目的是让老板和员工的关系变得更紧密，但实际上这样做却限制了老板与员工间的接触。显然，如今工作日程已经排得满满当当的管理者需要控制自己的时间，但他们时常会忽视自己在忙于各种事务的过程中失去了什么。其实，与员工进行持续的日常接触对于建立有意义的人际关系极其重要。

超级老板会高频率地、以非正式的方式与员工开会。他们经常与员工并肩工作，以一种直接的方式辅导他们。还记得乔治·卢卡斯如何与本·伯特合作开发 R2-D2 独特的"哔哔"声吗？卢卡斯给予伯特自由发挥的空间，但他也经常介入伯特的工作，与伯特进行直接且激烈的讨论，而且这种讨论通常是突发的。

在我采访对冲基金巨头朱利安·罗伯逊的过程中，他接了个简短的电话，在通话中他果断地指导手下一名年轻员工处理一个业务方面的问题；菲尼克斯控股公司（Phoenix Holdings）及桑特斯股份有限公司（Xantus Corporation）董事长萨缪尔·霍华德告诉我："托米·弗里斯特像其他人一样努力工作。当你需

要他做点事情的时候，他会立刻行动起来。"迈克尔·米尔肯会早上 4：30 起床，给团队的每一名员工写邮件，探讨他们已经做出的决定，并征求他们对待定事项的意见；诺尔曼·布林克的 CFO（首席财务官）告诉我，她曾看到布林克在餐厅里拿起一块抹布擦桌子。

传统管理者经常强调辅导下属的重要性，可他们不会真的花时间去做这件事，因为他们往往将工作关系视为纯事务性的。他们认为："我给你发工资，作为交换，把工作干好就是你的职责，不是我的职责。"如果要为了某些特定项目对员工进行辅导，比如帮助某个团队成员更好地相处，或者帮助年轻管理人员为晋升高级职位做准备，他们会邀请专家来做这件事。传统管理者不太可能会夜以继日地辅导员工，并将其视为他本职工作的一部分。

相比之下，超级老板会把这种典型的上下级关系颠倒过来。尽管有时他们不会完全颠倒这种关系，但会显著地改变它。我们已经知道，超级老板更多考虑的是战略和愿景，但他们也会兼顾具体事务。令人惊讶的是，他们会参与到员工的实际工作中，并在这个过程中引导员工，并塑造其工作模式。超级老板之所以能做到这一点，是因为他们都是某个问题领域的专家，有丰富的经验可以传授给员工。

师徒制的一个重要前提就是：你已经掌握了自己所在领域

的技巧，否则你就没有资格教导别人。而对学徒来说，他们非常敬仰师父对专业知识的精通程度，并带着这种敬仰去成就自己的事业。"在技术层面，约玛·帕努拉对指挥艺术有着深刻见解，"特隆赫姆交响乐团总指挥和艺术领袖埃文德·艾兰德（Eivind Aaland）说道，"他的知识面非常广。"

希德·甘尼斯向我叙述了史蒂文·斯皮尔伯格（Steven Spielberg）和乔治·卢卡斯在观看了《夺宝奇兵》系列电影第一部《法柜奇兵》后，卢卡斯是如何对电影进行了"长达 3 小时的解析"的。对甘尼斯而言，"卢卡斯的做法说明了他的为人处世的方式"。在我跟沃尔什、布林克和劳伦等超级老板的门生面谈时，他们不仅欣赏自己老板的领导力，也无比崇敬其极高的专业水平。

基本上许多超级老板都倾向优先与高级职员共事，因为他们坚信这对企业的成功运营至关重要。托马斯·凯勒是一名大厨，也是一位成功的超级老板，他是著名的法国洗衣房餐厅（French Laundry）和本色餐厅（Per Se）的拥有者。凯勒花很多时间培养助理厨师，因为"他们是餐厅的希望"。凯勒认为，总有一天这些助手会接管他的厨房。尽管他知道有些员工将来可能会为其他人工作。他说："谁都不敢确定有才华的员工是否会离开，又是否会在多年后回到餐厅工作。现在花点时间和他们一起工作，这个险值得冒。"

去等级化，但也非绝对扁平化

请环视一下你的工作场所，领导们是否享有专门为他们安排的停车场、餐厅包房、卫生间、办公室？为什么许多领导将高管津贴视为管理者取得优秀业绩时应有的奖励？对大多数超级老板来说，津贴、头衔和级别并没有太大意义。事实上，在激励员工方面，这些事物的存在会产生相反效果。超级老板非常注重上下级的顺畅交流，所以他们很排斥任何可能会造成物理或情感距离的事物。他们想通过与员工面对面接触的方式来促使每个人都把事情做好。如果说员工只要一通电话或登门拜访就能见到超级老板，那是他们赞同下属这种没有等级观念的行为。

集成电路发明者、英特尔公司创始人之一罗伯特·诺伊斯被业界称为"硅谷市长"，他影响了很多科技界的企业家。在创立英特尔之前，罗伯特参与创建了仙童半导体公司，这家公司又孕育了数百家初创企业，其中包括雷神半导体公司、凯鹏华盈创投基金、先进微器件公司以及英特尔公司。曾任仙童制造部门负责人、后来成为美国国家半导体公司 CEO 的查理·斯波克（Charlie Sporck）说："毫不夸张地说，诺伊斯造就了今天的硅谷。"

在仙童公司，诺伊斯因其"西海岸"管理风格（不要跟比尔·沃尔什的"西海岸进攻体系"相混淆）而闻名。相比一本正经、等级分明的"东海岸"管理模式，"西海岸"管理风格更自由、更主张人人平等，并影响了无数取得巨大成功的硅谷企业。尽管超级老板培养的一大群巨星级人物影响了他们的行业，但通常超级老板本人的影响力更大。

诺伊斯抵制等级观念，他认为等级制度完全不适合创业型企业。当时，三十出头的诺伊斯已经是仙童公司最年长的员工之一了。他敢于聘用刚从大学和研究所毕业的工程师，因为在技术方面，有经验的人根本不存在。诺伊斯大胆启用新员工从事最核心的晶体管技术研发工作，自己也和他们并肩作战。这些员工在工作中学习成长，并熟悉和适应了仙童的运作方式。工作节奏紧张但从不论资排辈或讲特权，这成为了仙童的企业文化。

作家汤姆·沃尔夫（Tom Wolfe）在《时尚先生》杂志上描述了仙童员工的工作节奏："年轻工程师要在早上 8：00 开始工作，中午也不吃午饭，持续工作到晚上 7：00；回到家里，跟孩子玩半个小时，和妻子一起吃晚饭、上床睡觉；然后起床，把妻子留在黑暗中，再伏案工作 2 ~ 3 个小时，做一些不得不带回家来做的事情。"

诺伊斯对头衔和荣誉的诱惑完全不为所动，因为那不是他想要的东西。仙童和英特尔的联合创始人、传奇人物戈登·摩

罗伯特·诺伊斯

离经叛道型超级老板，一个"强硬的工头"，厌恶等级制度

罗伯特·诺伊斯是集成电路之父、英特尔创始人之一。作为集成电路的发明者，诺伊斯在科学史上已名垂青史。诺伊斯还参与创办两家公司：第一家是半导体工业的摇篮——仙童（Fairchild）公司，已成为历史；第二家则仍跻身美国最大的公司之列，这就是英特尔公司。他被业界称为"硅谷市长"。

尔（Gordon Moore）告诉我："诺伊斯是一个非常朴素的人。他有一辆破旧的车子。他的一名技术人员在车上挂了一个牌子，上面写道'请把车停在后面，它让我们很没面子'。可见诺伊斯不是一个虚荣的管理者。"摩尔回忆说，有一次，仙童母公司的 CEO 坐在一辆由穿着制服的司机驾驶的豪华轿车来视察加州仙童半导体公司。诺伊斯被眼前这一幕震惊了，因为在他看来，这位 CEO 太过讲究排场。"他无法想象在仙童有人居然能像那个司机一样整天无所事事地坐着。"摩尔说道。

在与摩尔一起创建英特尔公司的过程中，诺伊斯提出要再次建立一个扁平化的、去官僚化的组织。它不再为高管提供工作套装或专门的车位，并且为绝大多数办公室职员和所有工程师提供股票期权。英特尔的办公场所由一个被低矮围墙分割开的大房间构成，每个隔间就是员工的工位，包括诺伊斯和摩尔在内的所有人都在这种环境中工作。诺伊斯和摩尔不想让差别待遇成为阻挡员工前进绊脚石。至少在英特尔规模还不大的时候，每名员工都能接触到诺伊斯和摩尔；在这种管理模式下，员工可以提出任何问题，发表任何意见；员工会议也不再限于少数精挑细选的管理者参加，而是所有员工都能参加并可以分享他们的想法。

类似的规则在其他超级老板管理的组织中也存在着。在卡夫食品公司，迈克尔·迈尔斯有一天宣布："公司所有泊车位都

将遵循先到先得原则，高管不享受特殊待遇。"他通过这种方式消除了公司的等级制度。作为朱利安·罗伯逊的"虎崽"之一，约翰·格里芬这样描述罗伯逊的办公室："请想象这样一间办公室，朱利安坐在办公室的正中间，周围没有门，没有隐私保护……几乎一切都是开放的。"杰伊·恰特也推崇开放式办公室，在他的主张下，员工们用低矮分隔物把桌子隔开，供多个人使用。恰特戴伊广告公司的一名管理者斯特万·阿尔伯蒂（Stevan Alburty）说："恰特认为创意应该无处不在。但人们会有危机感，害怕失去权力的象征，所以除非你改变人们的物理空间并迫使他们改变，否则他们是不会主动改变的。"

有些管理者和员工也许会负隅顽抗，但这并不能阻止超级老板的改革步伐。阿奇·诺尔曼（Archie Norman）是英国零售行业的一位超级老板，他的很多门生后来成为大公司的管理者，这些公司包括博姿、苏格兰哈利法克斯银行、文德克司零售集团、李维斯欧洲公司、英国皇家邮政公司、哈尔福德斯公司、大东电报局以及塞恩斯伯里超市等。

1991 年，诺尔曼担任英国阿斯达连锁超市的 CEO。当时，这家企业官僚作风盛行，诺尔曼就任后，开始对其进行大刀阔斧的改革，包括削减成本和一系列去除形式主义的行动，例如拆掉办公室隔间，要求所有人站着开会，取消带有头衔的胸牌，鼓励普通员工给 CEO 发邮件（在刚入职的三年半时间里，诺尔曼收到了 4 000 封邮件），将以往充满仪式感（请想象一下随从前呼后拥和剪彩的场面）的高管到店巡访改为到店内实习。与此同时，诺尔曼还广揽青年才俊担任领导职位。

在我所研究的超级老板当中，有些人甚至进行了比诺尔曼更深入的去等级化、官僚化的改革。对于任何可能妨碍、阻止或削弱工作中与员工进行非正式互动的官僚主义元素，他们都怀有一种的厌恶感，这种厌恶感似乎是与生俱来的。

如果生活中没有无所不在的备忘录，你是否已经想象到自己的工作将乱成一团糟的情形？而曾在恰特戴伊广告公司工作过的员工就不会有这种烦恼。杰伊·恰特禁止员工在一年时间里使用备忘录，他把备忘录称为"掩盖问题的企业病"。吉恩·罗伯茨也禁止公司召开职工大会和发表正式演讲。

虽然很多管理者反感官僚主义，但他们仍然保留着一些形式化的事物，例如标准化的备忘录、没完没了的会议以及正式头衔。这是因为他们担心如果缺少这些东西，组织内部就会充满混乱和不确定性，他们需要井然有序的流程和职责分明的员工。而对于这一点，超级老板们的答案似乎都是"未必"。确切地说，超级老板所管理的企业不是绝对扁平化的，他们始终在组织的最顶端保持着控制力，但对超级老板来说，如果以牺牲少量的秩序去交换不拘小节的上下级关系所带来的创新力、创造力和活力，那这种牺牲就是值得的。

扁平化的组织结构和不事张扬的组织文化能让超级老板与所有员工保持直接而紧密的关系，无论这些员工年纪多大或有何种经历。在韦罗基奥的工作坊，师父和徒弟肩并肩工作，彼此间不断交流知识和专业技能。尽管现代版的超级老板可能管理着规模更大、架构更复杂的组织，并且总在致力于探究超现实的管理制度。但他们也感觉到，官僚化作风和稀奇古怪的头衔肯定会疏远自己与员工之间的距离。他们将这些手段视为"不得不保留的累赘"，而且要谨慎使用。在超级老板看来，他们不仅仅要成为员工的管理者，还要成为徒弟眼中具有洞察力、充满热情和真诚的师父。这是他们的终极目标。

技术传承 + 人生指引

已到中年的指挥家约玛·帕努拉乍看起来相当普通。他身材矮小，体格健壮，头发略带青灰色，有一副国字脸。但这样毫不起眼的外表下却隐藏着迷人的个性。英国天鹅交响乐团的艺术总监戴维·柯蒂斯（David Curtis）告诉我，他曾与帕努拉一起讲授过一堂课。在课堂上，大约有 10 名学生会轮流指挥一个交响乐团演奏勃拉姆斯交响曲，其他学生则在演奏厅后排观看演出。遗憾的是，由于一名学生没有做出正确的指挥动作，导致乐队出错。帕努拉有点生气，他开始咆哮和发牢骚。他想纠正犯错误的学生，但对结果无济于事。最后，他站起来，怒气冲冲地摔门而去。

过了一会儿，他又回来了，让乐团再次尝试与这名学生合作一次，可音调还是没有演奏正确。于是帕努拉走上指挥台，站在这名学生后面，又咆哮了几句。乐队又一次演奏了那段烦人的乐章。帕努拉站在乐队面前，耸了耸肩，把拳头放下来。这不是一个很显眼的大动作。你可以想象一只大灰熊就那么盯着你，并发出吼叫声。

不知何故，这个方法起作用了。"乐团演奏出了准确的音调。我们对视了一眼，"柯蒂斯说，"他是怎么做到的？乐队根本不知道他要做什么，学生们也不知道，没人知道。他只是做了一个典型的'帕努拉式'动作，然后乐团就……爆发了。我们就这样站在那里对视，心里在想'噢，天哪！'"

柯蒂斯讲的这个故事，是为了说明作为导师的帕努拉亲临现场会带来多么严肃紧张的气氛。帕努拉是个高效率的人，他不仅能把具体技艺传授给学生（例如以恰当方式让乐手强调某些音符），还将更深入地开启学生的成长之路。帕努拉别具一格的互动方式似乎激发了学生们强大的自省力，这有助于他们实现自我提升。那位指挥失误的学生需要更加注意他所做的事情，以及他的行为背后的深层次假设或动机。在舞台上，不够严谨或不够专注的行为是不专业的表现，也无法被认可，帕努拉的

反应帮助乐手们彻底根除了无意识的错误行为。

帕努拉教给学生的最重要一课就是作为音乐家的正直之心。帕努拉强调，乐团指挥的意图至关重要，指挥家要为乐手提供作曲者的自然体验，而不是自己的体验。他还明确要求学生在他们的表演中不留任何自我的痕迹。柯蒂斯表示："一切以音乐为重。乐团指挥必须人品端正，如果你站到指挥台上只是为了出风头，帕努拉不会对你感兴趣。他只会说：'噢，是的，很棒，下一个。'"

所有超级老板的门生都讲述了他们在这种不拘礼节的、师徒式互动的过程中学到的经验，这种经验非常强大，能够帮他们塑造自己的职业生涯。超级老板对门生高效的指导方法各有不同。毫无疑问，帕努拉的方法只适用于他自己。

回顾我的采访记录，我始终无法找到一种被所有超级老板采用的单一教学风格和方法。有时候他们会专门抽时间进行群组教学，比如比尔·沃尔什在每天训练结束时开会总结一天的训练；有时候他们会一对一地指导门生，比如拉尔夫·劳伦会借助巡视百货商场门店的机会指导个别下属；有时候他们会讲故事，比如吉恩·罗伯茨讲了一名曾与他共事的盲人编辑的故事：这个编辑紧紧抓住他的胳膊说："让我看到东西！"他讲这个故事的目的是为了让记者以一种生动的方式写文章，以唤起读者脑海中的联想；有时候他们会编造一个词语，用它来表达下属需要明白的哲理，比如曾担任玛莎百货和家乐福董事长的卢克·范德维德（Luc Vandevelde）告诉我，迈克尔·迈尔斯建议他采用"引诱法"挖掘员工的最大潜能，而不能使用"限制法"。"我永远不会忘记那两个词，"范德维德说，"它们创造出了一个促使员工追求卓越绩效的环境，完全改变了我的管理方式。"还有些时候（其实是很多时候），超级老板会向他们的下属提问题，迫使他们马上提出一个新鲜点子，从而给自己提供一个改变思维方式的机会。

超级老板的教导方式如此令人难忘，其中一个原因就是：它是在一种亲密无间的环境下以不同寻常的方式进行的。吉恩·罗伯茨会在吃晚饭的时候给约翰·卡罗尔提供一些关于如何应对某些状况的小提示。卡罗尔回忆说："与罗伯茨共进晚餐可能是我参加过的最棒的研讨会。"钢琴家赫比·汉考克曾讲过一个故事：有一次，他和迈尔斯·戴维斯一起录音，迈尔斯要求汉考克坐在他的左手边，而且只用他的右手演奏。"对一位钢琴家来说，"罗斯评论道，"那就像砍掉了一只手。"但正是通过这种方式，迈尔斯教会了汉考克如何以一种比往常更从容不迫的手法控制声音。

超级老板也许会把一些想法当做"至理名言"传递给下属，但他们通常更想以身作则，给员工们树立一个榜样。在谈到迈尔斯·戴维斯时，萨克斯手比尔·埃文斯说道："只要观察他是

约玛·帕努拉

离经叛道型超级老板，质疑传统和经验，只关心艺术

　　约玛·帕努拉被称为"大师的导师"，为芬兰培养了诸多优秀的指挥家。他曾担任图鲁库爱乐乐团（1963 ~ 1965 年）、赫尔辛基爱乐乐团（1965 ~ 1971 年）、阿尔赫斯交响乐团（1971 ~ 1973 年）指挥，以及赫尔辛基西贝柳斯音乐学院指挥系教授（1973 ~ 1994 年）。如今，帕努拉在全世界范围内开设指挥课程。

怎么做的，我就能学到最重要的知识。"玛丽·苏·米利肯（Mary Sue Milliken）是"边界"烧烤店的联合创始人兼主厨。她回忆说，她把爱丽丝·沃特斯视为兼顾事业与家庭的"励志人物"："当爱丽丝生下她的女儿范妮时，我就很好奇她是如何做到工作和家庭两不误的？"

爱德华·斯塔克（Edward Stack）曾在 HCA 担任高管，在离开公司之后，他成为美国行为中心的创始人（该公司是从 HCA 的精神病医院分拆出来的）。他回忆说，在运动成为时尚之前，托米·弗里斯特就已经开始跑步上下班了，他用行动向整个组织传递了"身体健康最重要"这一信息。"但弗里斯特从来没有对任何人说'你应该做运动'。他从来不迫使任何人觉得如果不按他的方式做，他会感觉不自在。他会以身作则，亲自把事情做好，然后给其他人做这件事的机会。"斯塔克说。随后，很多高管也开始跑步或举重，并把这当成日常惯例。

超级老板会同时在多个层面给员工传授经验。他会首先把相关的技术细节教给员工，这是员工在别处学不到的。此外，他还会提醒员工注意一些基本原则。如果你想知道经营报社的具体细节，谁会比吉恩·罗伯茨更适合做你的导师？如果你想知道成功创立一家餐饮连锁店的秘诀，除了诺尔曼·布林克，还有谁是更适合的人选？大家都知道罗杰·科尔曼传授了一套电影制作准则，包括优先处理镜头，在灯光师给背景打光的时

候进行排练，充分利用阳光，借助前景物体活跃对话场景，用动作刺激眼球，穿舒适的鞋子，少站多坐……谈起曾经的老板，演员杰克·尼克尔森（Jack Nicholson）说："你可以从科尔曼身上学到一些基本的东西，这些都是'干货'，学会了就永远不会忘记。"

除此之外，超级老板传授给员工的第二种经验也同样重要——关于如何经营企业和领导组织的关键性建议。亿万富翁兼设计师托里·伯奇（Tory Burch）称拉尔夫·劳伦教她"学会了怎样为企业制订完整的愿景，包括产品、营销、视觉陈列管理等各方面"。盖尔·奥迪兹（Gale Ortiz）曾在爱丽丝·沃特斯手下工作，如今，她在旧金山开了一家属于自己的盖尔面包店。沃特斯曾教她重视餐馆运营的各方面细节，并精益求精。她说："这让我开始关注看待业务的方式。"迈克尔·迈尔斯曾教他的学生、后来担任过好时食品 CEO 的理查德·莱尼如何制订战略，从而为股东带来更高的价值。

我们希望所有超级老板能够传授关于如何挑选人才的经验，而他们也的确这样做了。超级老板不仅要求门生"聘用合适的员工"，他们还强调要聘用真正有天赋的人才，以及帮助这些人才发挥潜力。在担任金宝汤集团 CEO 前，道格·康纳特（Doug Conant）在迈克尔·迈尔斯手下工作了大约 6 年。他告诉我："如果你没有卓越的人才，就很难实现卓越的业绩。挑选、重视人才正是我在卡夫食品真正学到的东西。这让我在职业生涯中继续前行时，我可以在人才管理方面变得更积极。"

　　员工还能从超级老板身上学到一些最重要、最持久的经验，我们或许可以把它们称为"人生经验"。超级老板反复强调的一点就是"纪律"，即努力完善自己的技能，并忠于自己的价值观、信仰和愿景。

　　只要在某天观察朱利安·罗伯逊考虑是否买一只股票，对冲基金经理就会对"纪律"一词有所体会。在决定投资 1 亿美元买进某家公司股票之前，罗伯逊会花大量时间对这家公司进行调研。在下单的同时，他仍然想咨询一些人，以了解这家公司及其所在行业。他四处打电话，从获得的信息中分析出这只股票可能不像它初看起来那么有吸引力。

　　换作其他基金经理，也许会找个理由继续这次交易，特别是考虑到此刻退出会损失交易金额的10%，也就是 1 000 万美元。罗伯逊不在意蒙受损失，他还是把股票给卖掉了。他的一名学生回忆说："他从不回头看。我不确定这个方法是否管用，但这不重要，因为它告诉我一个道理：当事情发生变化时，赶紧退出，你总有机会重新评估状况，并防止损失扩大。"

　　这种理智、坦诚的行为给了我们另一个重要的提示：摈弃不必要的事物，优先考虑真实的情况，这要求我们有独立思考的精神，并且敢于挑战传统。这也是超级老板令下属印象深刻

的 ·点。"我认为，我们从他身上得到的一个重要信息就是质疑社会的所有基本原则，并尝试着培养正直诚实的品格。"乐队指挥埃萨 - 佩卡·萨洛宁（Esa-Pekka Salonen）在谈到约玛·帕努拉时说。实际上，无论是拉尔夫·劳伦为自己的品牌打造形象，还是诺尔曼·布林克始终坚持他的休闲餐厅理念，或者是罗杰·科尔曼追寻他的低成本电影拍摄模式，超级老板所做的事情都有一种朴素的特质。在与超级老板的日常接触中，员工们感受到这种朴素特质所带来的压力，但也收获了由此产生的丰富成果，并因此而受到激励。这是他们永远不会忘记的经验。

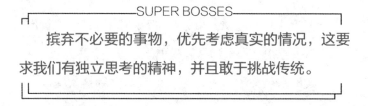

SUPER BOSSES

摈弃不必要的事物，优先考虑真实的情况，这要求我们有独立思考的精神，并且敢于挑战传统。

超级老板分享给员工的人生经验通常会伴随他们一辈子，永远影响着他们的行事方式。正如戴维·柯蒂斯所说的："每当我站上指挥台，我就在想，如果帕努拉坐在背后看着我们，他会怎么想？"一位曾在朱利安·罗伯逊手下工作多年的知名对冲基金经理向我倾诉说，有时候他会感觉某笔投资不太对劲："我仿佛听到朱利安在说：'伙计，别这么做，三思而后行，先等一周，看看一周过后你怎么想。'我想我会等上一个星期，然后问自己：'真蠢，为什么你要那样做？'"类似的叙述从侧面反映了超级老板的非凡影响力。

有些管理者如果不时刻监督员工，就很难让员工做出点成绩，一旦他们转身离开，员工们就故态复萌。超级老板的下属会充分吸取上司的经验，把它们融入到自己的思想和行动中。他们在自己的职业生涯中一次又一次地运用这些经验。在谈到恰特时，大卫·墨菲说："直到恰特去世，我才意识到，他对年轻时的我产生了多大影响。他让我知道,我可以提问、可以冒险，而且工作成果和认真的工作态度才是最重要的。"

这难道不是下属对他老板的最大赞美吗？

用师徒制强化现有管理模式

对于大多数组织和管理者来说，师徒制听起来也许是个疯狂的想法。在经济快速发展的 21 世纪，采用 15 世纪的行事方式与人才打交道，似乎并没有太大帮助，甚至不够现实。然而，超级老板的辉煌业绩说明了一切。他们自有一套行之有效的策略。我们发现,在那些采用超级老板工作方法的组织中(请记住，在许多公司和非营利组织的中层，超级老板的数量更多)，员工们确实受益匪浅。在教育界，最优秀的校长通常会花时间和老师一起参与教学活动，而不是扮演 CEO 的角色。为美国而教书

（Teach for America）是一个教育运动项目，它为毫无教学经验的年轻教师提供一个在环境艰苦、师资力量薄弱的学校磨炼的机会。相关研究表明，如果学校校长主动辅导该项目的参与者，那么这些年轻教师就会取得更大成就。

如今，绝大多数管理者都清楚面对面交流的重要性。营销专家们已经为此创造出一个新词——走动式管理。尽管这一管理法早已推行，但它最初并没有包括类似于超级老板与下属之间那种持续的深层次合作。虽然绝大多数管理者有着美好的愿望，但他们从未真正实行过师徒制管理。高管们的行程表总是排得满满的，等级观念和官僚主义仍然根深蒂固，让他们在完善战略和让下属执行战略时倍感压力。在这种情形下，很有少管理者愿意与自己的门生和低级员工并肩作战，并指导他们的工作。

如果你是一名管理者，你不能也不应该抛弃正式的培训项目。你不能把所有时间花在与员工的一对一互动上，因为保持某种控制感和秩序感非常重要。但当下对员工的辅导也很重要，值得高度重视。令人欣慰的是，你不需要完全取消私人助理、Outlook 日历、高级会议或其他带有官僚主义色彩的事物。你要逐步重塑组织流程和结构，让它们更有力地帮助超级老板产生重要成果。你要观察组织是否存在减少形式主义的空间，或者是否能用更多零散时间与员工互动。这样做是为了防止等级观念和官僚主义支配组织。你要让组织架构改变你管理职场人际关系的方式，但千万不能被它过度地束缚。

师徒制无须替代你目前所采用的管理模式，相反，它能够起到强化作用，成为一种可能出现在你的职场行事方式中的再平衡元素。超级老板期望他们的下属拥有专业技术知识，而培训项目确实可以让下属掌握这些知识。因此，你要保留培训项目，但千万不要错误地认为这些项目就是全部。

你最好重新思考自己对职场的某些看法。我们不习惯与下属进行亲密的个人互动，只把管理视为一份工作；我们把埋头苦干视为一种消极的行为，因为它标志着我们的下属可能不堪重任。超级老板不想越俎代庖去做下属的工作，但他们确实很想深入了解下属的工作。请尝试用一种不那么市侩的方式看待你和下属的关系。他们的职责不仅是把工作做完，而你的职责也不只是监督他们。你们的共同目标都是完成工作，并且绘制更宏伟的发展蓝图，推动企业不断前进。

在改变你的思维方式时，请审视自己目前正在做的事情，并思考如何才能改进做事方式。想一想，你实际上花了多少时间与团队成员相处？如果这需要大量时间，是否存在顾此失彼的状况？也就是说，你是否把太多时间花在形式化的互动上（比如开会或填写绩效评估表），却没有充足时间进行非正式的、一对一的互动？请考虑一下超级老板所做的具体事情，你是否已

经在做其中任何一件？还能做得更多吗？请尝试先与组织的两个人进行更多的直接接触，并鼓励下属做同样的事。你是否看到任何积极的成果？尝试激励组织成员重组流程并消除繁文缛节。看看这一办法是否能提高决策效率，是否能使组织上下的沟通变得更容易。

请不要忽视科技的作用。我曾比较过现代商业实践与师徒制。得出的结论是：在某些方面，我们今天具备更优越的条件，去把师徒制融入到我们的组织中。既然我们非常善于在Facebook、Twitter 和领英上跟陌生人交流，那为什么不能在组织内部更好地使用这些工具呢？虽然跨国组织的管理者与员工通常相隔多个时区，但科技可以消除距离。科技的存在可以让我们更频繁地交流，前提是我们愿意优先使用它。

我们想要有优异的表现，想要漂亮的业绩。为此，我们必须要观察并模仿超级老板所做的事情。除此之外，你还能有更多的收获。请想想，用自己的亲身经验给某人留下深刻印象，而这些经验还会让他们终身受益，这是一件多么有意义的事；与某个人分享你的激情，这又是一件多么令人满足的事；再想象一下，你以别人帮助你的方式去帮助其他人，这是多么奇妙的事。

我们都会记住最好的老板，也会记住那些最差劲的老板。事实证明，我们可以选择成为心目中的那种老板。当你用超级

老板的方式去教育和指导员工时，你的员工在离开企业时将会
怀着满足、幸运和感恩的心情，而你也很可能有同样的感觉。

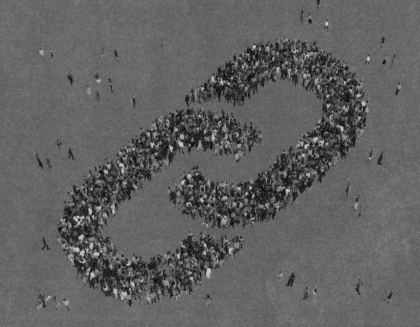

第6章
事必躬亲的授权者

SUPER
BOSSES
HOW EXCEPTIONAL LEADERS
MASTER THE FLOW OF TALENT

朱利安·罗伯逊

了不起的混蛋型超级老板，享受被挑战，解雇员工从不心软

　　朱利安·罗伯逊是金融投资大师，对冲基金界的教父级人物。1980 年，他以 800 万美元创立了可谓与索罗斯的量子基金并驾齐驱的老虎基金公司。1998 年前，老虎基金的年均投资回报率达到 32%。在 1998 年的夏天，其总资产达到 230 亿美元的高峰，一度成为美国最大的对冲基金。

2012 年 10 月，在纽约曼哈顿公园大道 101 号大楼里，我坐在亿万富翁、对冲基金经理切斯·科尔曼（Chase Coleman）的办公室里，对他进行采访。科尔曼的办公室里放着白色的长沙发和椅子，显得优雅大方；一名助理在我等候科尔曼的时候给我冲了杯咖啡。那天，我并不是唯一访客。科尔曼和其他几位颇有建树的对冲基金经理共用一个办公室，其中一名经理正在接待一位我认识的客人——一所著名商学院的系主任。

我和那位系主任闲聊了一会儿。经过短暂等待之后，我被领进一间封闭式玻璃结构的会议室。我先是采访了科尔曼的几位同事，大约 1 小时后，科尔曼慢走了进来。他长着一张娃娃脸，一头浓密的浅棕色头发盖住前额；身穿一套定制西服，幸好那天我也穿着一套新的雨果博斯牌（Hugo Boss）西装。

科尔曼坐下后，我们便开始了长达 40 分钟的对话，他的严肃态度让我感触颇深。他措辞谨慎，虽然会坦诚地说出自己的想法，却从未露出过笑容。毫无疑问，他很有礼貌，我怀疑他没有接受过太多采访，而且很可能对我的采访动机感到好奇。他的回答认真、直接，没有任何虚伪的成分。他始终让话题围绕着公司的业务展开。很明显，科尔曼是一位令人敬佩的专业人士，但他认为自己的巨大成就在很大程度上归功于对冲基金史上一位最成功的投资者的慧眼识珠。

如果你不了解科尔曼，可能只会把他当成诸多成功的华尔街证券交易商之一。科尔曼生长在富裕之家，高中上的是贵族学校迪尔菲尔德中学，大学就读于美国文理学院之首——威廉姆斯学院。他的家族也颇有历史，其血统可以追溯到 17 世纪纽约的最后一位荷兰总督彼得·史蒂文森（Peter Stuyvesant）。从某种程度上说，科尔曼的职业生涯轨迹相当出人意料。他的第一份工作师从投资家朱利安·罗伯逊，而后者在前几年刚刚遭遇了投资失败，类似事件近年来也常见诸报端。

一直以来，罗伯逊旗下的老虎基金管理公司都是华尔街最成功的对冲基金巨头之一。但在 1998 年，该基金损失了 4% 的资产，并在次年损失了 19% 的资产。到了 2000 年，财经媒体以"永远投资错误的罗伯逊""无牙的病虎""任人宰割的老虎"等字眼来挖苦罗伯逊以及和他类似的从业者。这样看来，那时的华尔街似乎并不是最有前途的职业生涯起点。

其实,华尔街恰恰是最有前途的地方。罗伯逊不是一般的对冲基金经理,他是一位超级老板,他的早期成就源自对独特愿景的坚守。罗伯逊凭借价值投资理念创建了老虎基金。在决定买进某家公司的股票前,他会对这家公司进行彻底调研,以了解其内在价值。他会买进那些估值过低的股票,然后在它们股价上涨时出售,以获取利润。罗伯逊也用这种方法来购买看似估值过高的股票。他会做同样的背景调研,预期某一股票未来会下跌,便在当期价位高时卖出该股票,再在股价跌到一定程度时买进,产生的差价便是利润(这种做法被称为"做空")。这种双管齐下的手法取得了巨大成功,老虎基金在1980 ~ 2003 年创造的收益率达到了年均 31%。然而,正是如此高的收益率,使罗伯逊陷入巨大困境。

20 世纪 90 年代末,互联网公司的股票价格飙升到了难以想象的高度。尽管罗伯逊在某种程度上受到炒股热潮和"一夜暴富"心态的影响,但他仍然拒绝放弃价值投资原则,即使这一投资理念已不再流行。到了 1999 年,投资者们开始从老虎基金撤资。这一举动使罗伯逊此前 220 亿美元的基金规模缩水了将近 75%。但罗伯逊仍然拒绝改变立场,他不但没有转变策略,反而关闭了老虎基金,并把资金返还给投资者。他曾撰文解释这一决定:"多年来,老虎基金取得成功的关键在于坚定不移地

购买最优质的股票，卖出业绩最差的股票。在理性的市场环境中，这个策略运作良好。但在非理性的市场中，对收益和股价的考虑让位于成交量和动量指标。我们知道，这是一种欠缺价值的逻辑。"

有时超级老板们坚定不移的理念的确会让他们栽跟头，但如果因此草率地否定他们，那绝对是一种错误的做法。关闭老虎基金后，罗伯逊便酝酿着迈出精彩的第二步。而这一步得以实践的基础是他培养华尔街顶尖人才的能力。罗伯逊挑选出一些最有前途的、在他关闭基金后面临失业的年轻分析师，为他们提供本钱，让他们创建自己的基金。

随后，他还给那些此前没有为他工作，但他认为拥有巨大潜力的其他年轻分析师提供资金。这些被称为"虎种"[1]（Tiger Cubs）的年轻人如果想聆听罗伯逊的建议，随时可以拜访他，而且他们还可以进入罗伯逊的客户关系网。作为交换，罗伯逊将从"虎种"的营业收入中抽取 20%。"我差不多 70 岁了，"罗伯逊告诉我，"我觉得我能忍受自己 70 岁这个事实，我想，如果我周围没有这些年轻人，那我就真变成成玛士撒拉[2]了。"

---

[1] 不要将"虎种"与"虎崽"相混淆。"虎崽"是指现有的罗伯逊前雇员群体，他们受益于他的教诲，并在离开罗伯逊之后经营着属于他们自己的对冲基金，但不一定由罗伯逊提供启动资金。——作者注

[2] Methuselah，圣经人物，希伯来人祖先，诺亚的祖父。据传他享年 969 岁，极其高寿。——译者注

　　罗伯逊笃定地认为自己有能力把智慧传递给学生，也有能力确定他的分析师当中有谁已经准备好在职业生涯道路上向前迈进，又有谁尚未做好准备。科尔曼似乎有着充足的自信心和强大的能力。在 2000 年，罗伯逊递给年仅 25 岁的科尔曼一张 2 500 万美元的支票，并叫他去成就一番事业。"我将它视为一次巨大的机遇，"科尔曼告诉我，"由于我经验不足，我对自己将要做的事情有点担心。但我认为自己有足够的能力去做这件事，因为我在很多事情上都具备专业知识，我也很感激有人对我如此有信心。"

　　后来，科尔曼以数倍的资金回报了罗伯逊对他的信心。他在 2001 年创立老虎全球基金（Tiger Global Fund），2001 ~ 2007 年，该基金为投资者实现了超过 35% 的年均回报率。2011 年，老虎全球基金成为同等规模对冲基金中的领头羊，回报率高达 46%，完胜许多投资界老手所管理的基金。科尔曼本人在 2015 年的身价达到 21 亿美元，而他只是许多功成名就的"虎种"中的一员。

　　到 2015 年，大约有 30 名"虎种"管理着 320 亿美元的资金，他们有着出色的业绩，其中很多人以罗伯逊位于曼哈顿市中心的办公室为基地开展业务。很多初露头角的对冲基金经理都愿意接受更苛刻的条款，以换取罗伯逊的投资和辅导。"对这个年纪的我而言这是一个很好的机制，"罗伯逊说，"它让我重新焕

发了活力，这真是太好玩了。"这个机制也给罗伯逊带来了丰厚的收益。2015年，罗伯逊的身价达到34亿美元，这意味着他的个人资产在2000年后增长了400%。对于被互联网泡沫拔去獠牙的"病虎"来说，这个成绩还算不错。

培养发现与发掘人才潜能的"直觉"

朱利安·罗伯逊如何知道科尔曼已经准备好承担自营基金的重任？同样的，罗杰·科尔曼如何知道他手下的年轻人们已经准备好接受100万美元的投资，并且在预算范围内按时完成他们的工作？托米·弗里斯特如何知道一位三十出头的年轻行政助理已经准备好建立和经营一整家医院？杰伊·恰特又如何知道一个尚无建树的年轻作家已经准备好为重要客户提供广告创意？

超级老板领导的组织普遍被认为是一个创业平台。用超级老板的门生的话来说，员工们可以在这个平台"找到自我"，并且"能够做我们命中注定要做的事情"。好莱坞一线导演詹姆斯·卡梅隆（也是罗杰·科尔曼的学生）的一位密友在谈到他时赞叹道："从建造飞船模型的工作人员到美术指导再到助理导演，这种三级跳不可能发生在其他人身上。"拉里·埃里森的一名助手说："在甲骨文公司，你要学会的一项重要技能就是抓住机遇。埃里森最擅长的一件事就是不断地让员工承担新职责。"

　　员工们经常把自己的飞速进步归功于超级老板的直觉，因为他们确实有一种把员工提拔到合适岗位的本事，或者说，他们能够给那些需要成长的员工提供经验。"那是一种本能，天生的，"杰伊·恰特的一位学生这样评价他，"恰特知道如何使员工变得更优秀。"

　　除了本能，还有其他因素。超级老板以擅长发掘潜能著称。他们一直在物色未经雕琢的人才和下一个巨大的商机，还有意识地在组织内部寻找那些已经准备好且愿意迎接下一个巨大挑战的员工。著名篮球教练里克·皮蒂诺（Rick Pitino）说："我只找那些想当主教练的助理教练当助手。除了看着你的孩子长大和你的球员进步，没有什么事情比看着你的助手发展顺利并做出成绩更激动人心了。但他们最终会明白一件事，回来打败我，对他们而言是最难的一件事。"

　　长期担任爱荷华大学鹰眼橄榄球队主教练的海登·弗莱（Hayden Fry）发明了一种训练方式：挑选某些球员扮演"球员兼教练"的角色。很多被选中的球员后来成为其他球队的助理教练，并最终走上主教练岗位。弗莱也因此成为美国大学橄榄球教练中最成功的先驱之一。据弗莱所说，这一方法的灵感源自他的童年经历。弗莱的父亲在得克萨斯州敖德萨市拥有一个两千英亩的农场，弗莱就在这个农场长大。由于父亲经常让他

喂牛，弗莱在不经意间领悟了一个好方法：他要找到能够带领牛群的"领袖"；只要找到这个领袖，就找到了牛群。

和弗莱一样，超级老板一直在他的门生当中物色领袖，通过正式或非正式的方式。比如，乔恩·斯图尔特在他主持的《每日秀》节目中对人才进行甄别，并让他们在节目中展示自己的才华。尽管他的前任克雷格·吉尔伯恩（Craig Kilborn）让其他喜剧演员充当"驻外记者"，从新闻现场发回搞笑的报道。但斯特尔特在 1999 年接任该节目主持人的时候，开始让"驻外记者"频繁回到演播室进行面对面的交流。这样一来，演员、斯图尔特，还有该节目的编剧能够更紧密地合作。这使斯图尔特能够评估他们的工作进度，并帮助他们逐渐成长为成熟的影视人才。

超级老板会对员工的能力进行全面的评估，这是他们不断地在员工身上发掘潜能的基础。许多老板认为，员工只有达到一定年纪或拥有特定背景及经验才能承担更多职责，这是非常武断的想法。在他们眼里，员工的角色都是固定的，只能局限于某一个领域，你有多大抱负都没用。超级老板就不会这样认为，他们认为自己所聘用的员工能够而且应该无所不能。此外，他们还认为自己的门生应该迅速成长，并在职业生涯中找到自己的新方向。带着这种观念，他们十分乐意把有潜力的员工提拔到更高职位。其他管理者可能觉得这种做法不可理喻，甚至连员工本人也不确定自己能否胜任这些职位。

在人生中，我们很多人都会遇到某个重要人物。他能够看到我们身上的潜质，那种潜质连我们自己都未必察觉，这样的时刻令人难忘。超级老板就是永远在寻找拥有某种潜质的人。海登·弗莱教练的 一位门生这样评价他："他比我们自己更了解我们的能力。你可以想象一下，这给我们带来了怎样的信心和动力，我们的动力就是不能让教练失望。"

为超级老板工作就像在《美国达人秀》的舞台上表演，任何人都可能有脱颖而出的机会。在托米·弗里斯特管理美国医院有限公司期间，哪怕是理疗师也有机会成为高管，前提是他们身上有闪光点。甲骨文公司员工编号为 12 号的安妮可·西莉（Anneke Seley）刚进入公司时是一名前台接待员，后来拉里·埃里森亲自教她 SQL 编程语言，她开始担任客户关系方面的管理职位，随后创建了甲骨文公司的内部销售部门。如今，该部门的营业额已经达数十亿美元。

所以说，超级老板会给予下属重塑自我的机会。对下属而言，这在他们职业生涯中是非常难得的经验。演员朗·霍华德（Ron Howard）就是一个很好的例子。霍华德曾参演《安迪·格里菲斯秀》和情景喜剧《快乐时光》，深受电视观众的喜爱。但他想离开表演行业，转行做导演。罗杰·科尔曼找到霍华德，跟他签署了一项协议。根据该协议，霍华德在科尔曼执导的《望尘莫及》（*Eat My Dust!*）中担任男主角；作为交换，科尔曼让霍

华德参与执导另一部电影《侠盗猎车手》（*Grand Theft Auto*）。后来，霍华德在 2001 年凭借《美丽心灵》（*A Beautiful Mind*）拿下奥斯卡最佳导演奖。除此之外，他还导演过其他几部著名电影，包括荣获奥斯卡最佳剪辑和最佳音效奖的《阿波罗 13 号》（*Apollo 13*）。

超级老板还会每天改进他们的教育风格，以适应个别员工的特点。"他不会用同样的方式对待所有人。"萨克斯手比尔·埃文斯是这样评价迈尔斯·戴维斯的，"对他来说，每个人都是与众不同的，而他能够做的事情之一就是了解每一个人，知道对方需要什么。在对待某些员工时，他比其他人更苛刻。那个样子的他很有趣。"

切斯·科尔曼则是这样评价朱利安·罗伯逊的："他很善于分析能激励员工的因素，而且知道如何促使员工取得最佳业绩。有些员工需要激励，而有些员工则需要鞭策。他会根据员工的工作反馈调整方法。"当然，其他管理者也会偶尔为自己的下属多做一些改变。

许多大型组织用"职业发展阶梯"一词使职业生涯概念化，而"阶梯"便界定了普通员工和管理者的标准晋升路径。为了到达"阶梯"上的某个点，你就得跨过一个接一个的横档。组织结构复杂的企业则采用严格的能力素质模型，帮助新晋高管取得进步。这个模型指出某个特定职位所需的关键技能，评估员工是否具备这些能力,并给员工提供培训或辅导,帮助他们"缩小差距"。

某种程度上,职业发展阶梯和能力素质模型有着重要意义,因为它们显然有助于员工以一种有层次的、有秩序的方式晋升。而超级老板坚定追求非正式的个人职业发展模式的做法是偏离常态的。超级老板的方法有点凌乱和无序,然而正如你看到的那样,这种方法能够根据员工的真实能力给他们提供相应的快速晋升机会。

而关键在于,超级老板还能根据每一个员工的个人需求为其量身定制职业生涯发展模式。这种区别就好比在车行买车和在网上定制宝马 MINI Cooper。定制汽车能最大化的满足你对汽车功能的需求,它是专门为你制造的。为员工定制职业发展路径则需要超级老板付出更多努力。一名前橄榄球员说,比尔·沃尔什"做了很多额外的工作,以了解手下每一名球员的个性和抱负"。定制职业发展还要求超级老板具有无畏精神,愿意背离常规,做出离经叛道的决定。而对某个特定的员工来说,这个决定也许是最理想的。

超级老板没有把自己的员工当做普通人,而是视为需求必须得到满足的个性化客户。请想象这样一个组织:领导者主动去识别客户的真实需求,然后创造适当的方法来满足这种需求;在这个组织中,领导者密切关注客户需求,与客户有种心灵相

通的感觉。然后，我们把以上的"客户"换成"员工"，这便是超级老板在帮助员工推动职业生涯发展的过程中所做的事情。

与其他管理者相比，超级老板很大程度上是在为员工创造能够满足他们职业发展需求的机会，而不是盲目地把员工放入一个现有的官僚体制当中。把员工当做客户，这是一个多么另类的想法！

既授之，则信之

斯坦·李是一位富有传奇色彩的漫画作家。他年轻时曾创作过一套连环漫画。这套漫画以"蹦蹦跷"（Pogo Stick）一词作为笑点，但主编告诉他，这个词无法引起底层民众的共鸣。他指示李做修改，将"旱冰鞋"（Roller Skate）作为笑点。在李看来，"旱冰鞋"让整个漫画笑点全无，这是一个巨大的错误。然而，为了取悦老板，李还是按要求做了改动。

李对这次改动始终感到不满，这件事让他学到了一条重要经验：高效、大胆的授权是极其重要的。作为管理者，你要赋予下属真正的责任，不能监视他们的一举一动，也不能事后品评和试图改变他们。"当你聘请一位艺术家开展某项工作的时候，你要让他自主完成这项工作。"李说。在漫威漫画公司（Marvel Comics），李在大多数时候都采用了"无为而治"的管理方法。

跟其他超级老板一样，他把真正的重任交到具有进取心的年轻人手上。例如，吉姆·舒特（Jim Shooter）在 27 岁的时候就被任命为漫威漫画的主编。

超级老板是技艺高超的授权者，愿意放弃一定程度的管理权和监督权，能不断地迅速把员工推向职业生涯的新高度。这种做法让许多普通管理者相形见绌。吉恩·罗伯茨给予作家和编辑绝对的报道自由，前提是他们要达到某个质量标准。在 20 世纪 80 年代中期，新闻记者唐·德雷克（Don Drake）提出了一个计划。他要写一篇名为《艾滋：全球杀手的一天》（*AIDS：A Day with a Global Killer*）的文章，报道日益猖獗的艾滋病。德雷克的具体计划是把新闻记者派到各个地方，比如泰国、非洲某个村落、某家制药企业、某家避孕用品制造厂等，以表明艾滋病在某个特定时刻会引发什么事情。

罗伯茨同意了德雷克的计划。他授权 12 名记者和 6 名摄影师到世界各地去采访。到了约定交稿的那天，稿件纷至沓来，让德雷克和同事们应接不暇，这完全出乎他们意料。整个新闻编辑部无须罗伯茨指示，立刻停下手头工作，自发投入到稿件的编辑工作中，并在计划的最后期限来临前完成了这项任务。

当整个团队全情投入解决某个紧急问题时，当员工无须命令而迸发出巨大工作热情时，你就会知道自己所在的企业拥有一种不可思议的企业文化。而超级老板正是这种文化的缔造者。

超级老板对下属有着最基本的信任，这种信任对于有效授权是必不可少的。"诺尔曼·布林克给予我们极大的自主权，"一名曾在布林克手下担任高级经理的人士告诉我，"虽然我们可能会犯错。"

从20世纪80年代末到90年代，罗恩·吉尔伯特曾在卢卡斯电影公司的游戏部门工作，他承认："乔治·卢卡斯为我们做过的最正确的事情之一就是不干涉我们的工作。他只是给我们提供资源，让我们独立思考，并发挥创造力。"总体来讲，超级老板认为他们的员工完全能够凭借自身能力解决问题，而在这个过程中积累的经验可以促进他们的职业发展。"每个指挥家都有自己的解决方案，他必须去找到它，"约玛·帕努拉曾说过，"这是一条漫漫长路，但值得我们去探索。想学会游泳，就要有跳进水里的勇气。除非有人快要淹死了，否则我是不会把救生圈扔进水里的。"

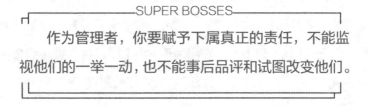

————SUPER BOSSES————

作为管理者，你要赋予下属真正的责任，不能监视他们的一举一动，也不能事后品评和试图改变他们。

拱石房地产公司董事长兼CEO斯科特·塞勒斯告诉我，比尔·桑德斯曾分配给了他一项特殊的任务：当时，一些拥有雄厚资金的投资者涌入城中。借此良机，公司在考虑是否投入数亿美元开发一个桑德斯想象中的全新房地产项目。桑德斯把这项任务交给了塞勒斯，并告知他只有两天时间为这个项目规划一个令人信服的战略和愿景。

当时，塞勒斯和他的同事才刚刚开始思考相关概念。"但这似乎并不重要，"塞勒斯说，"桑德斯认为，如果他给我下了命令，我就会竭力给他提供一些与他的愿景相接近的理念。这样他就能向客户一起灌输这些理念。"桑德斯没看错人。塞勒斯一头钻进研究材料当中，并在第二天早上把一份草案放在桑德斯桌上。桑德斯只对草案做了少数几处修改，而当塞勒斯向客户推销他这套方案时，他获得了空前的成功。请想象一下，塞勒斯在赢得这场胜利时感觉多么美妙，虽然当初桑德斯只是想让他试一试而已。

为了让员工学到经验，超级老板做的另一件事情就是严格让员工对自己的绩效负责。在超级老板的组织里，有一个很简单而明显的规则：成败与否全靠自己。"当你在布林克身边工作时，从他的自我管理方式你就能知道他对你有着怎样的期望，以及你必须承担什么样的职责。"布林克的一名亲信回忆道。

尽管如此，超级老板并非无情的暴君，他们允许你失败一次，但你最好能从失败中汲取教训。"只有无所事事的人才不会犯错，"迈克尔·迈尔斯告诉我，"这话的第一层意思是我们需

要行动起来，第二层意思就是我们要允许别人犯错。"即使你承认自己不知道某些事情的时候，只要你把它当成自己的事情，并迅速地寻找问题答案，超级老板也会表现得宽容大度。

抛开超级老板的信任不说，光是身上肩负着的重大责任，就能让员工们感受到手中的权力和自身价值。这让他们觉得自己是超级老板的合作伙伴，而不是下属。萨尔·塞萨拉尼说，拉尔夫·劳伦"会让你感觉自己是公司的一个重要组成部分"。比尔·沃尔什向每一名球员强调他们对球队整体成绩的贡献度。他会告诉球员："在赛场上，你们总会面临赢得或输掉比赛的局面，你们需要在身心上准备好面对这种状况。"

员工合作伙伴意识的提升还得益于超级老板真正用心去倾听他们的心声。在我研究过的超级老板当中，很多人不仅有着渊博的知识，而且还是出色的倾听者。即使他们未必同意员工的观点，但还是会认真倾听员工的想法。罗伯特·诺伊斯有一种独特的倾听方式：他在听别人说话时会目不转睛地看着对方，从不眨眼或做吞咽动作。"诺伊斯会聆听你说的每一句话，然后用一种轻柔的男中音非常平静地回答你的问题，而且脸上常常带着笑容。"作家汤姆·沃尔夫（Tom Wolfe）在《时尚先生》刊载的一篇文章中写道。吉恩·罗伯茨会在别人说话的时候进入执行主编吉姆·诺顿所说的"神游状态"。尽管他看起来像是在走神，但他会偶尔插嘴提出一个两个尖锐的问题，于是员工就意识到其实他一直都在听自己说话。

超级老板不仅善于倾听，还会不断地征求员工的意见。在面对大大小小的决定时，拉尔夫·劳伦甚至会征求前台接待员和清洁工的意见。《花花公子》前时装编辑罗伯特·格林（Robert Green）回忆说："劳伦会征求每个人的意见，好像没有别人的意见他就没办法采取行动似的。"曾在布鲁明戴尔百货公司担任买手的罗利·格拉斯伯格（Raleigh Glassburg）说："我会坐在劳伦的办公室里，和他一起仔细探讨每一件事情，他会聆听你的想法。这纯粹是一种合作伙伴关系。你不会影响到他的行事风格，但你可以根据实际情况指出哪些产品是盈利的，哪些亏损的。你可以下午去看产品的准备情况，并当场解决问题。这是在生意场上难得的亲密关系。"

更难得的是，篮球教练里克·皮蒂诺会要求他的助手以口头形式做球探汇报，这一做法早已人尽皆知。在比赛的关键节点，场边的观众会听到他朝助手大喊："我需要一份报告！给我一份报告！"光是他征求助手帮助这件事，在场听到他喊叫的所有观众就知道他是多么信任助手的能力。

我们又回到了此前提到的一个重点：超级老板管理的组织具有人人相对平等的特点。大多数员工发现，在这样一个组织中，他们得到老板和同事的关注，所做的也事情获得认可，这让他们充满了新鲜感和动力。在这种环境下，员工的职业目标

不再是在未来某个不确定的时间点的抽象概念。正如他们的老板所期望的那样，他们现在已经在奋斗了。他们要么直面挑战，要么在挑战面前败下阵来。

为什么超级老板的下属比传统组织中的员工进步更快？因为超级老板敢于让员工认清自我！

事必躬亲式授权

超级老板会毫不犹豫地发表他们对琐碎事务的观点，他们与员工并肩工作。新闻记者斯坦利·盖勒斯（Stanley Gellers）告诉我："拉尔夫·劳伦是最早的'事必躬亲型'管理者，所有东西都要经他过目。他会亲自巡视店铺。如果某家大型零售商要看一眼陈列服装的人体模型，他还会亲自给模型穿上衣服。他是事无巨细皆要过问的人。"乔治·卢卡斯、爱丽丝·沃特斯、洛恩·迈克尔斯、约玛·帕努拉——这些超级老板不一定会被下属称为"事必躬亲的管理者"，但至少会被描述为"醉心于看似偶然发生的微小细节中"。

事必躬亲，是企业管理最忌讳的。那么，超级老板在大量参与和企业运营相关的实质性工作的情况下，如何能做到大胆放权呢？若某些人有着无限潜力，能够把这两种看似矛盾的行为结合在一起，那生活就简单了。事实上，事必躬亲的管理者往往不信任他们的下属，所以他们不敢授权；放任型管理者则因太过懒惰或无能，会毫无节制地放权；而超级老板已经找到了第三条路径，我称之为"事必躬亲式授权法"。

超级老板对很多细节具有支配权，所以他们能够向员工有效授权并为他们创造机会。他们了解自己的企业正在发生的事情，知道谁表现出色、谁表现欠佳；他们也清楚下属的优缺点，还知道市场的最新趋势。他们掌握的信息让自己有信心授权给下属，而且他们也掌握了授权的时机、方式和具体对象。与此同时，他们有着明确的愿景，而且该愿景已经在组织内广泛传播。这促使他们更加确信团队成员会把最基本的事情做好，无须经常监督。

据员工们说，超级老板会以巧妙的方式监督他们，在不冒犯员工的情况下加强控制力。他们会向其他人明确表达自己的愿景，制订具体的工作目标，然后旁观接下来所发生的事情。当一切进展顺利时，超级老板会放手不管，但仍然会密切关注。倘若他们对现状不满，就会毫不犹豫地插手进来。

喜剧演员安迪·萨姆伯格（Andy Samberg）告诉我，洛恩·迈克尔斯有时候会过问很多事情，有时候又放任不管，这取决于他觉得是否有过问的必要。萨姆伯格说："有好几周时间，我们在拍戏的时候根本听不到他的任何评论，一切都正常进行着；然后，又有好几周时间，他对拍摄产生了非常浓厚的兴趣，并

且有很多想法。"

超级老板非常愿意帮助员工应对始料未及的危机，而一名纯粹的授权式管理者可能不会这样做。厨师迈克尔·苏利文（Michael Sullivan）回忆说，他曾经用一整个下午的时间跟潘尼斯之家的几名同事一起做一顿重要的大餐。他们做烤猪时火候没有掌握好，里面还是生的。尽管沃特斯打扮得漂漂亮亮的在客厅里忙活着，但她还是来到厨房帮助团队想办法解决这个问题。苏利文说："我们亲眼目睹爱丽丝处理整个紧急局面的过程。她比任何人都擅长做这件事；在危机事件中，她对细节的专注度是有目共睹的。"我们习惯于认为授权和事必躬亲是一个"非此即彼"的对立选项。这种观念不一定是对的，我们完全能做到"鱼与熊掌兼得"。

可以与"事必躬亲式授权"相提并论的是我所说的"自大人格悖论"。我们经常看到一些自大的老板，他们喜欢出风头，其表现出的言行让其他人都自愧不如；而有些老板则似乎喜欢隐身幕后，讨厌置身于聚光灯下。这两种人都不是超级老板。超级老板有着与众不同的自大个性：他们固执己见，对于自己的信念无比狂热，富有侵略性和竞争力，通常好胜心极强。我们并不指望他们靠边站，让后辈才俊抢了他们的风头，然而他们真的会这样做。迈尔斯·戴维斯认为，尽管他是音乐会的主角，但乐队的每一名成员都应该享受属于自己的"荣耀时刻"。

诺尔曼·布林克也奉行类似的原则。汉堡王前 CEO 杰夫·坎贝尔告诉我："诺尔曼已经功成名就，但他从不在人前显摆。"有些超级老板会习惯于迅速寻找下个一项目或解决企业的下一个问题，让团队成员明确知道各自应负的责任。很多受访者都跟我分享过一些故事，以证明他们的超级老板是如何有意地给其他人留下发展空间，并让他们承担起领导角色的。

与很多管理者不同，超级老板非常自信，他们不需要以支配他人的方式来宣示自己的权威。这给他们留出足够的空间，让他们彰显自己的个性，甚至承担起帮助后辈成长的职责，提供大放异彩的机会。资深教练兼运动顾问泰德·利兰（Ted Leland）回忆说："比尔·沃尔什过去常说：'作为管理者，你的部分工作就是确保你的下属取得成功。'"拉里·埃里森同样如此，他说："甲骨文公司有一个完善的接班人计划，总能培养出未来的 CEO。"在卡夫食品公司，迈克尔·迈尔斯制订了一套员工职业发展流程。在这个流程中，所有部门的高层管理者聚在一起，谈论公司的每一名员工在职业生涯的下一步需要些什么。迈尔斯说："这是一个非常细致的过程，每一个人都要全神贯注，花很多时间和精力在这上面。因为这件事很重要，你要通过这个过程来证明你很善于栽培员工。"

我们往往认为，拥有权威之人不可能做出支持他人的行为。尽管超级老板有时很强硬，当我们知道这些狂傲自大的人中，

有些人也会有意地培养员工，那岂不是令人耳目一新的事情吗？

营造双赢的学习环境

卡尔·范戴文德尔（Karl VanDevender）是托米·弗里斯特及其家人的私人医生。有一次，弗里斯特开着自己的私人飞机出行，范戴文德尔担任他的副驾驶员。那天，天空清澈迷人，范戴文德尔问了弗里斯特一个非常有意思的问题："从全国优秀学者奖①或类似奖项的评选角度来看，你并不是一个非常有才华的人，但你这辈子却取得如此大的成就。你是怎么做到的呢？"

弗里斯特在他左边的衬衫口袋里摸索了半天，拿出一张 3×5 英寸的单词卡片，上面有一个用铅笔写上的单词。"卡尔，你看到这个单词了吗？"

"看到了。"范戴文德尔答道。

"每一天，我都要看一眼我的短期目标、中期目标和长期目标，然后分别从健康、道德和财务角度看待这些目标。我每天都会完善这些目标。我发现，大多数人都没有写下自己的目标，

① National Merit Scholar，该奖项的评选由美国优秀学生奖学金机构（National Merit Scholarship Corporation）支持。从 1955 年起，每年评选一次。美国优秀学生奖学金机构根据先天能力（ability）、后天能力（skill）和成就（accomplishment）这三项从各州学生中选拔优胜者。赢得这一奖项对学生申请大学或其他奖学金很有帮助。——译者注

这让我很惊讶。我可以看看你的目标吗？"

弗里斯特的单词卡片带出了本书的一个重大主题：人们在职业生涯和人生当中遇到的事情很少是随机发生的。"我可以看看你的目标吗？"弗里斯特提出的这个问题反映出超级老板向员工提出了更大的挑战和更高的要求。没错，甚至在员工都认为自己还没做好准备的情况下，超级老板也愿意破格提拔员工；他们会有意地隐身幕后，让员工成为万众瞩目的焦点；他们也会管理好整个企业，营造师徒式的轻松学习氛围。但是，他们最终会培养员工关注日常学习和成长的习惯，从而推动员工接过自我发展的重任。

超级老板不希望员工仅从自己这里获取经验，他们希望员工提出问题、探求知识、努力提高自己，主动迈向职业生涯的下一个阶段。许多管理者对下属都暗藏一个的规定：想升职就得俯首顺从，不要无事生非。而超级老板最不喜欢的就是凡事顺从的员工。相反，他们喜欢那种没事找事、不屈服，尤其是有胆量跟他们对着干的员工。面对杰伊·恰特的直率批评，他手下的文案和设计师基本都能忍受，因为他们知道恰特对事不对人。"罗伯特·诺伊斯可以说是一个非常非常强硬的'工头'，"戈登·摩尔回忆说，"但他的强硬不针对个人，只针对事情。如果你能接受这种挑战，你就会非常成功。"

更准确地说，超级老板希望所有员工都能主动、自信地承

托米·弗里斯特

人生导师型超级老板，前员工也有机会得到他的注资和建议

　　托米·弗里斯特是美国医院有限公司（Hospital Corporation of America）的联合创始人，也是一位慈善家。从 1984 年至 1995 年，他一直是 IBM 的董事会成员。2006 年，托米对贝恩资本、KKR 集团、美林证券私募股权投资 210 亿美元。他一直保持着有史以来最大的杠杆收购记录。

担起责任，而不是坐等责任被安排到自己身上。超级老板对工作全情投入，在职场上勇往直前，他们的员工也必须这样。如果你在面对某个特殊决定时等着拉里·埃里森提意见，那你就会等很久。在一次采访中，曾担任甲骨文公司高管的盖瑞·布鲁姆对我说，那些等待上司指示做事的员工就像是"在藤上枯萎了的葡萄"。将这个比喻做进一步延伸，我们发现一般会存在两种不同心态的员工：有些员工有这样一种心态：如果你不朝我身上洒水，我就不会长大；而另外一种员工的心态则是：吸收葡萄藤上的一切水分，不断成长。怀有第二种心态的员工在甲骨文公司发展顺遂，而对那些怯懦、犹豫不决或没有坚定观点的员工，埃里森常常会失去兴趣。

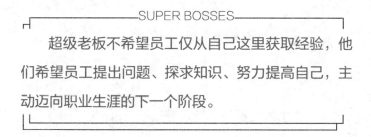

SUPER BOSSES

超级老板不希望员工仅从自己这里获取经验，他们希望员工提出问题、探求知识、努力提高自己，主动迈向职业生涯的下一个阶段。

超级老板之所以希望员工勇于承担职责，是因为他们有一颗"私心"，他们想从员工身上学到一两样本领。回想一下，朱利安·罗伯逊之所以资助他的"虎种"，是因为他喜欢被有活力、有见识的年轻人围绕的感觉。当然，他也想发财。迈尔斯·戴

维斯在回忆起他的第二代五重奏乐团（Second Great Quintet）时说道："他们都是年轻人。虽然他们在向我学习，但我也从他们身上学到不少东西。"拉尔夫·劳伦的一位前同事是这样说的："拉尔夫很优秀，但他也从优秀的人才身上汲取知识。"

由于超级老板总在不断地学习并提升自己，所以他们将与员工的互动视为强化思维方式、不断创新的良机。于是，我们在上一章介绍过的师徒关系最终变成了一条双向车道：一方面，员工获得了终身难忘的职业成长经历；而另一方面，无法凭一己之力实现愿景的超级老板能够借助团队的力量使自己的职业生涯向前迈进一步。如果你问我这样划不划算，我会说，这是一笔双赢的买卖。

压缩人才的成长周期

在回顾自己的职业生涯时，切斯·科尔曼说："罗伯逊很善于让员工产生主人翁精神和机遇感，然后给那些在本职工作中表现出色的员工提供一条路径，这条路径是一条陡峭的学习曲线。"这条学习曲线造就了一种极其紧张的工作氛围。科尔曼在大学毕业后拼命地为罗伯逊工作，在创立个人基金早期也废寝忘食地工作。在这个过程中，他取得了巨大的收获。

所有超级老板都会压缩员工的学习和成长过程。正因如此，有些员工不用为超级老板工作太长时间，就能获得一个可能改变他们职业生涯轨迹的机会。1976 年夏天，盖尔·奥迪兹只在潘尼斯之家工作了 2 个月便踏上了糕点师的漫漫成长之路。我问她，在与沃特斯短暂合作的这段时间里学到了什么，她说："这段经历塑造了我经营企业的方式。"奥迪兹尤其领悟了沃特斯的对待工作的态度，即坚持美好的愿景、在食物质量上从不妥协。她说："我学会了关注细节和追求完美。我不仅关注美食的制作方式，还关注它们在餐桌上的摆放方式。餐厅的布置、门面的装饰等都是我主要关注的东西，也是我看待餐饮业的方式。"

马尔科姆·格拉德威尔（Malcolm Gladwell）的著作《异类》（*Outliers*）提出了一个非常有趣的观点：成功人士之所以成功，是因为他们进行过成千上万个小时的训练，即一万小时定律。然而，事实上很多人也接受过成千上万个小时的训练，却没有功成名就。所以说，训练的质量才是关键。

绝大多数企业的员工在自己岗位上工作一段时间之后，就会逐渐放松对自己的要求。在超级老板领导的组织中，员工根本没机会放松。因为如果你在一个岗位上取得了成绩，组织就会赋予你更多职责。甲骨文公司的一位员工回忆说，他的同事过去常常用"犬寿"①来计算自己在公司的时间。也就是说，在甲骨文工作 1 年，相当于在其他公司工作 7 年。

———————————

① 人类 1 年的寿命相当于犬类 7 年的寿命。——译者注

做"生涯发展阶梯"而非"职业终点站"

和其他人相比，你的工作经历是怎样的？你是否经常为了完成工作而将精力透支到极限？你的上司是否为你创造了展翅高飞的机会？他是否拥有知道自己需要什么的直觉？你的上司是否充分授权，给予你指引和自由，让你履行好自己的职责？你那些最有前途的同事已经晋升到什么职位了？是否有些员工被局限在某种职业发展轨道上，有些员工却没有？

如今，许多顶尖组织都以"职业终点站"标榜自己，并强调它们能给员工提供巨大的晋升机会。但如果这些机会不是为你和你的实际能力度身定制的，那它们的吸引力也许就没有那么大。如果你很有才华、富有进取心，而且渴望成功，那就千万不要甘于平凡。物色一位你可以为之效力的超级老板吧！当你找到这样的老板时，请做好冒险和承担重任的准备。请记住，你一定可以找到超级老板，因为他们的数量比你想象的要多。

如果你是信奉传统"职业生涯阶梯"的管理者，要根据员工表现出来的技能和经验按部就班地提拔员工，那就不要认为自己无所不能。如果一名年轻员工表现出巨大潜力且具备成长性思维，请给他一次尝试的机会。或者，你可以尝试考虑破格提拔一名才华横溢的员工。无论他年纪多大，只要他有着从事某个岗位的非凡潜质，你就可以提拔他。请为你的直接下属多费些心思，考虑下他们每个人的需求，然后思考你所在组织有哪些渠道可以帮助他们提升到一个新水平。

你要定期做分析，至少每年一次，或更频繁一些。如果可行，请要求你的下属也对他们的下属做同样的事情。我们知道，让你的上司从你的角度看待事物是有难度的，这种"向上管理"的模式并不常见。但至少在某些时候，你确实需要去做这件事。我们也明白，向上管理通常是员工在企业中发展的一个关键因素。那么，在向上管理的同时也向下管理，又会有何效果呢？向下管理即意味着：作为管理者，你的成功在很大程度上取决于你是否能够帮助下属取得成功。

你还要注意你的授权方式。在辅导企业高管的过程中，我经常教他们如何以最佳方式应对严峻的领导力挑战。通过了解他们遇到的问题，我发现其根源在于缺乏有效授权，这一点非常令人吃惊。如果员工们没有参与到某个计划当中，那就很难让他们支持这一计划。若你无法为团队找到合适人选，那就是你的问题，而不是别人的问题。

归根结底，如果老板无所不知，优秀的人才是不愿意在他身边停留太久的。许多管理者不相信手下的员工能把工作做好，于是就事必躬亲，而他们越插手，团队成员就变得越无能。这变成了一种恶性循环。所以，无论你做什么，都不要陷入这样的恶性循环中。

如果不明白自己为什么会夜以继日地工作，那就问问自己：
"我是不是用错误的方式太过频繁地干涉团队工作？"你的下属
会怎么回答这个问题？如果你不信任你的团队成员，那就问问
自己："我为什么不能信任他们？他们可都是我聘请来的！"

你可能想通过制度把自己所在的企业变成一个利于员工发
展的、举世无双的组织。有些企业尤其擅长为员工制定接班人
计划。比如老一代企业中的通用电气公司，新一代企业中的谷
歌公司。在百特医疗公司(Baxter)，富有传奇色彩的CEO比尔·格
拉汉姆（Bill Graham）创建了一种人才机制，以便迅速并持续
地推动年轻管理者承担更大的职责。这得以让格拉汉姆组建出
他那个时代和他所在行业最资深的团队，该团队中的很多员工
后来成为包括柯惠（Covidien）、健赞（Genzyme）等生物科技
企业的CEO。如果你所在组织横跨多个行业或地域，你也可以
利用这一优势为员工提供更丰富的职场经验。

杰夫·坎贝尔回忆说，在20世纪80年代，他曾与诺尔曼·布
林克有过长达14个月的紧密合作；在这段时间里，他先后被提
拔过两次。第一次，他被提拔为汉堡王全球运营总裁；6个月
后，布林克在公司宣布：由于坎贝尔在业务拓展方面取得的成
就，他要任命坎贝尔为汉堡王的新任董事长兼CEO。"我顿时
惊呆了。从经理变成CEO，中间只差14个月。这种破格提拔
实在太奇妙了！"坎贝尔说。

　　请想象一下，当你知道有人让你做一些你从未做过，而且这辈子可能没想过要做的大事时，你的内心会有多么紧张？你可能会不停地问自己："我有能力做这件事吗？我能够圆满完成任务吗？"但这正是超级老板给你提供的成功机会。他们打开了成功的大门，你难道不想走进去试试吗？

第 7 章
建立群体认同感，打造超级团队

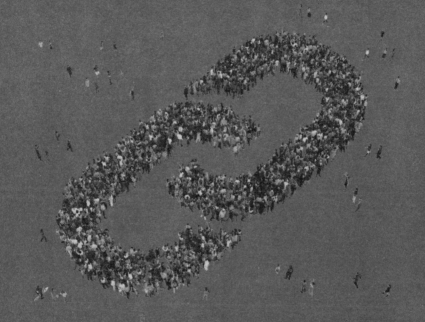

SUPER
BOSSES

HOW EXCEPTIONAL LEADERS
MASTER THE FLOW OF TALENT

洛恩·迈克尔斯

离经叛道型超级老板，喜剧界的"人才孵化器"

　　洛恩·迈克尔斯，好莱坞著名制片、编剧。他在20世纪70年代创办了《周六夜现场》节目，并将其发展为美国最受欢迎的脱口秀节目之一。这档别出心裁的节目融合了喜剧、综艺和真人秀等元素，多次获得艾美奖，并成为一种文化现象。

我们当中的许多人从来没有机会实现童年梦想，但喜剧演员瑞秋·德拉彻（Rachel Dratch）就是幸运儿之一。瑞秋成长于20 世纪 70 年代末 80 年代初的马萨诸塞州莱克星顿市，那时她每周都会熬夜看《周六夜现场》直播。她是在朋友姬儿家留宿时发现这档节目的，当时姬儿的弟弟正在看电视，而她也正好坐在电视机前。"我记得，我当时立刻被它迷住了，"瑞秋在她的自传《走进酒吧的女孩》（*Girl Walks into a Bar*）中回忆道，"在不经意间，我居然发现了一个神秘的世界。我好像从来没在电视上看过这种节目。"

《周六夜现场》曾是美国最火的电视节目之一，它融合了喜剧、综艺和真人秀等元素。这档别出心裁的节目后来多次获得艾美奖，并成为一种文化现象。节目监制洛恩·迈克尔斯

因开启了比尔·默里（Bill Murray）、吉尔达·瑞德尔（Gilda Radner）和约翰·贝鲁什（John Belushi）等演员的职业生涯而备受赞誉，他还发掘了一批包括达纳·卡维（Dana Carvey）、迈克·迈耶斯（Mike Myers）、克里斯·洛克（Chris Rock）、艾米·波勒（Amy Poehler）蒂娜·菲（Tina Fey）、塞斯·梅耶斯（Seth Meyers）和吉米·法隆（Jimmy Fallon）等喜剧巨星。

这一无与伦比的演艺界人才孵化过程从20世纪90年代一直持续到新千年。瑞秋也在后来进入这份名单，她因扮演总是意志消沉的黛比·唐娜（Debby Downer）和初中生谢尔顿（Sheldon）而走红。

1999年，瑞秋在《周六夜现场》开始了自己的职业生涯。就像我采访过的其他演员所说的那样，这档节目的要求极其严苛。无论在当时还是现在，节目的筹备期都只有6天时间。演员和剧组工作人员从零开始筹备，并要在6天后要呈现出一档在数百万电视观众面前现场直播的节目。

周一，全体工作人员会在迈克尔斯的办公室会举行一场集体讨论会；周二，演员和编剧一起创作剧本，他们经常要通宵达旦地工作；周三，演员通读剧本并进行修改，而节目制作团队开始布置舞台背景，准备服装和音响；周四和周五，演员和节目组彩排，修改节目内容，解决待定问题，并编写《周末播报》（*Weekend Update*）时段的内容（这部分内容将对新闻中出现的

事项进行评论）；周六下午，全体演员彩排，然后在晚上 8∶00
面对演播现场的观众，进行带妆彩排。到了晚上 9∶00，迈克
尔斯将进行最后阶段的剪切和编辑，因为该节目的素材通常会
超时 20 分钟。在晚上 11∶30 之前，全体员工对节目内容进行
最后调整。到了晚上 11∶30，全美的电视机都会响起那句著名
的台词："来自纽约的现场直播，这里是《周六夜现场》！"而
即使是在节目开始之后，节目组仍然不放过纠错的机会。

瑞秋发现，《周六夜现场》充满活力的氛围促使她竭尽全力
去工作。迈克尔斯和其他制片人没有宠着她，他们把她投入到
约玛·帕努拉也提到过的竞争环境中，让她自己照顾自己。这
段经历让她从同事身上学到很多知识，还让她提高了写作技巧，
原因很简单：她要么写出一些风趣的、吸引人的剧本，要么被
节目组辞退，成为一名观众。正如迈克尔斯在一次采访中告诉
我的那样："这个'一切为节目服务'的工作环境很特别。在周一，
我们看到的是一张白纸；然后在 5 天之内，我们就要现场直播。
这是一项非常艰巨的任务，能够促使人们发挥最大潜能。"

为了完成任务，演员们和编剧紧密合作。但很多人出于私
心而合作，有时候，他们帮助提炼别人写的小品，却把功劳归于
自己。不过，深厚的情感联系就是在制作电视节目的各种乱象
之中建立起来了。"我们有种陷入绝境的感觉，"作家大卫·曼
德尔（David Mandel）说，"要知道，我们每周都要创作节目，

这是一种困境。归根结底，这意味着你和这些人在　起吃喝，有时甚至要在一起睡觉、洗澡。在这一过程中，每个人最好和最坏的一面都会表露无遗。"

资深演员们回忆说，《周六夜现场》节目组最有人情味儿的莫过于同事之间的情谊。"我最怀念的那些时刻你是看不到的，"威尔·费雷尔（Will Ferrell）曾说过，"每逢周四和周五是剧本冻结时间，我们会在这段期间随意嬉闹。对我来说，那是一周当中最好玩的时光，17 楼的同事也有着同样的感觉。大家就像住在学校宿舍一样，不同之处在于我们是在演喜剧。我喜欢那种感觉。"

尽管运动员、创业者、餐厅厨师、飞机机组人员、现场急救人员，以及急诊室医护人员等具有竞争力的人群有着截然不同的背景，承担着不同的工作风险，但他们都同样表现出卓越的团队精神。这类人群经常面对分秒必争的紧张局面，他们要拿出绝佳的表现，每一个人都要为了实现共同目标与他人紧密合作。遗憾的是，在企业里，你不会经常在团队成员中看到这种深厚的合作情谊。那些先进组织花费大量时间和金钱进行团队建设，从而催生了家庭作坊式的企业咨询和辅导行业。如果一些职场人能偶尔体验到天衣无缝的团队合作，那他们是幸运的。因为在很多组织当中，缺乏团队精神是一种普遍现象。

在超级老板管理的企业里，员工之间每一天都竭尽全力相互竞争，但他们也像《周六夜现场》的演职人员那样高效、紧密地合作。超级老板比传统管理者更懂得如何创建一支常胜团队，他们很善于在自己和下属之间建立"垂直"联系。在这样的团队中，员工们往往对同事以及超级老板深怀敬意和爱戴，这让所有人都能紧密合作、相互学习，其表现远比单打独斗时更出色。

从某种程度上讲，在超级老板管理的组织中，团队合作精神是超级老板激发员工的积极性、创造性和学习欲望的间接结果。因为超级老板清楚，团队成就高于个人成就，单个人才的潜能相加比不上一群人才的潜力。尽管他们给团队灌输强烈的竞争意识，但也明确鼓励员工培养同事情谊。对超级老板来说，紧密合作和适度竞争并不矛盾，两者是相辅相成、相互促进的关系。它们能够形成一个神奇的高绩效环境，令员工感到惬意和充实。

"宗教型团队"的形成

乍看起来，超级老板管理的企业似乎没有太多特别之处。很多团队都具备一定程度的团队精神：同事间相互庆祝生日，举办节日聚会，观看精彩的橄榄球联赛，在社交媒体上互动；当工作上遇到难题时，他们互帮互助，圆满地完成任务。我们

大多数人的工作不是拍电视节目，而是在写字楼、超市、工厂
或学校里上班。在这些工作环境中，员工们似乎拥有良好的团
队精神和融洽的同事情谊。

不同的是，在超级老板的团队里，员工拥有卓越而非良好
的团队精神。即使在氛围最好的工作环境中，员工可能也只是
把他们的团队当做一个临时的"家庭"，很少有人会把团队描述
成"宗教"。然而当我跟超级老板的员工交流时，"宗教"一词
一次次地被提及。设计师约瑟夫·阿布德（Joseph Abboud）在
描述自己为拉尔夫·劳伦工作的情形时说："那（劳伦的公司）
很像一种宗教，你想加入它。劳伦是我们的偶像，我们也相信他，
宣扬他。我们就是他的信徒。"

你可能会觉得，对超级老板来说，让员工对团队有一种宗
教般的虔诚是很难的。因为这不仅需要汇集众多资源，还需要
某种特殊的能量以及忠诚和奉献精神的注入。尔虞我诈、怨恨
和误解通常都会妨碍团队建设，你有什么办法克服这些障碍吗？
团队拓展和集中培训岂不是要花费数百万美元吗？

实际上，对超级老板来说，催生员工宗教般的虔诚并不是
件难事。根据阿布德的说法，我们可以推断超级老板实战手册
中的某些行为令人愉快，强化团队成员之间的联系。阿布德将
超级老板的独特愿景视为宗教身份的基石。如果员工认同某个
独特愿景，且愿意为它全力以赴，那他们就顺理成章地认为自

己有别于那些不理解这一愿景的人，或者有别于那些不幸为一个没有愿景的领导效力的人。

在超级老板的领导下，员工意识到自己是与众不同的人才，是老板的"亲信"。拉尔夫·劳伦以"你们不是普通的雇员，而是百里挑一的人才"来激励员工。"我们加入了一支强大的团队，"一名员工回忆道，"他说我们才是世界上最优秀的人才。"对超级老板来说，能成为"百里挑一的人才"即意味着员工有树立行业标杆的能力，员工们都是领导者，而不是追随者。他们拥有把控、改变和支配市场的能力，而不仅仅是追随市场，这正是他们的与众不同之处。"一直以来，拉尔夫都对我们说，我们就是标准，"一名员工叙述道，"其他人都在模仿我们所做的事情，每个人都想变得和我们一样。"

为了使员工坚信自己是"百里挑一的人才"，超级老板经常提醒他们，只要下定决心，就没有完成不了的事情。超级老板表示，别人也许会轻易向逆境屈服，但他们的员工却凭借坚强意志继续走下去；困恼和挑战不是倒下的理由，而是他们团结起来、证明自己天生伟大的机会。

比尔·沃尔什就曾经和他的团队一起扭转了球队颓败的局面。对于一支橄榄球队来说，客场比赛前的长途奔波是一项巨大挑战。而沃尔什在带领球队参赛时，这样的奔波反而成为球员直面挑战、带着澎湃心情去获取胜利的良机。有一次，他在

接受《哈佛商业评论》采访时说："我要让 49 人队习惯于面对困境。我们会经常谈论进入对手阵地的感受。在与队员们讨论这个问题时，我会使用'二战'初期的某次战役来说明我们将要面临的殊死搏斗。"即使在重重困难面前，超级老板带领的团队成员也能坚定立场，并最终获得胜利。他们会将自己视为杰出人才和英雄，其他组织的团队难以望其项背。

如今在企业界的大多数人看来，这种运用自如的逆境教育似乎很罕见。你有多少次看到同事们坐在会议桌旁，除了质疑别人提出解决方案之外，几乎什么事都不做？"我们不具备完成这项工作的资源，"这些老爱唱反调的人说，"我们的人手不够，而且工作量太大了。"或者还添上一句："我们从来没这样做过。"对超级老板来说，虽然这些观点有一定道理，但也无异于背叛。超级老板知道，过度关注事情发展的阻力不但会妨碍一个团队或企业尝试新事物，还会妨碍员工建立认同感和奉献精神。

对超级老板进行深入研究之后，我发现他们会竭尽全力让门生产生宗教般的信念。在公开场合，他们会宣扬员工的贡献，有时还会自谦。爱丽丝·沃特斯曾说过："我真的没有做过什么。我不是大厨师，我只是让他们做自己擅长的事情而已。他们才是最优秀的人。"

超级老板还会用一些颇具创意的方式来宣传门生的独特技能和品质。数十年来，漫画师们在作品上都是不留名的。漫威漫画经理兼作家斯坦·李在他的漫画书中加入鸣谢页，首次为他手下的画家们在漫画上留下"烙印"。鸣谢页的内容大致如下："本漫画由斯坦·李编写剧情，由杰克·柯比（Jack Kirby）绘图，由乔·辛诺特（Joe Sinnott）完美上色，由阿蒂·斯莫克（Artie Simek）书写旁白。"

李还在他主办的月刊《漫威办公室简报》（*The Bullpen Bulletin*）上赞扬他的员工。这些赞扬常常会影响其部门员工的职业生涯。比如斯坦·李将当时还处于职业生涯中期的画家杰克·柯比称为"漫画之王"，这个绰号一直沿用至今。很多人会说，无论李是怎么看的，柯比本身就是"漫画之王"，但李对柯比的盛赞有助于确保后者在公众眼中的地位。

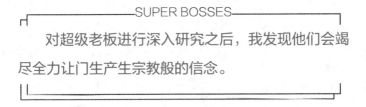

SUPER BOSSES

对超级老板进行深入研究之后，我发现他们会竭尽全力让门生产生宗教般的信念。

如果所有这些手法还不足以宣扬门生的独特魅力，那超级老板在行业中的崇高地位可以作为另一个参考因素。作为超级老板的门生，你知道自己的上司已经确定了"人才磁铁"和"创新者"的身份。你还知道，这个伟大人物已经选择了你。还有什么比这更有意义（和更可怕）的呢？

正如塞斯·梅耶斯所说的那样，《周六夜现场》的工作室感觉就像是一座神殿，因为不少大人物都是在这里成名的。对于超级老板的所有员工来说，他们要证明自己配得上在这座神殿中工作。当他们努力付出时，会因为知道自己属于这个地方而倍感光荣。超级老板的声望也为他所提供的任何支持增加了可信度。当超级老板给员工分配一项艰巨的任务或挑选他们去实现某些愿景时，他知道自己在做什么。他不是动动嘴皮子而已，而是动真格的。

超级老板会以什么标准赋予员工"宗教信徒"的身份？他们会根据员工努力拼搏的程度筛选员工，只聘用那些理解他们的愿景，或对该愿景情有独钟的非凡人才。曾为拉尔夫·劳伦工作的罗伯特·博克（Robert Burke）是这样评价他上司的："拉尔夫很喜欢与那些了解他品味的人打交道。当他说'弗雷德·阿斯泰尔（Fred Astaire）1930'[1]时，你的脑海中会浮现出阿斯泰尔的时尚装扮；当他说'蒙托克周末'[2]时，每个人都要看到同一幅景象。"在他们心目中，能成为劳伦员工的人都不是平庸之辈，而是一列穿着精致的定制军装、踏着统一步伐的士兵。

---

① 指 20 世纪 30 年代的男性流行时装。弗雷德·阿斯泰尔是美国著名电影演员、舞蹈家、舞台剧演员、编舞、歌手。他在 20 世纪 30 年代出演了大量的歌舞片，他的穿着让他成为当时男性的时尚偶像。——译者注
② 蒙托克位于纽约州长岛东部，很多时尚人士会到这里过周末，因此蒙托克的周末也成了时尚聚会。——译者注

他们总是昂首挺胸走过一个个被征服的战场。

尽管各自背景不同，因为超级老板已经确保员工获得了进入企业的明确路径，所以他们在走进大门的那一刻就产生了归属感。玛莎百货前董事长卢克·范德维德讲出了他在卡夫食品为迈克尔·迈尔斯工作时的感受："我们都是公司的年轻一代，而且我们有一种感觉：如果我们能为公司培养出人才，我们就成功了。"

超级老板营造的这种高绩效环境也强化了员工的群体认同感。就像《周六夜现场》的演员一样，他们长期一起工作，甚至到了工作与个人生活融为一体的地步。"工作和我们的私人生活在某种程度上已经密不可分了，"恰特戴伊广告公司前创意总监鲍勃·迪翁（Bob Dion）说，"员工们既是好朋友，也是业务伙伴。"

超级老板对等级制度的反对态度也利于"宗教型团队"的建立。正如迈克尔·米尔肯说的："当人们觉得自己是团体的一份子时，他们的工作效率会更高，这就是集体的力量。每个人都不应该凌驾于他人之上。"在大多数传统组织中，等级制度是团队精神的破坏者。如果有人不断地提醒你，你和你的同事不是同一层次的人，你就很难为团队奉献自己。由于平等观念和办公室的开放式布局在很多超级老板领导的团队中十分常见，所以团队成员很容易彼此接近，并且能够一直保持团结一致。

在乔恩·斯图尔特的《每日秀》节目中，演员们保持着一种友好、互助和轻松的氛围，他们会在繁忙的工作中抽出时间在办公室里相互辅导。这种氛围被形容为"具有大学集体宿舍起居室的随意感"。无论是在组织架构上还是在思想上，这种团队都拥有至高无上的地位。

有些超级老板甚至团队的开放式办公室安置在偏远地区，人为地创造一处世外桃源，以极大地增强团队凝聚力。米尔肯把他的办公室搬到了远离华尔街金融中心的洛杉矶。在20世纪80年代，乔治·卢卡斯用《星球大战》赚来的钱建立了"天行者农场"（Sywalker Ranch）。它远离好莱坞，位于加州北部，是一处极富创意的旅游胜地。"我想把这个农场变成电影学校，"卢卡斯曾经解释说，"我在想，为什么我们不营造一个专业的电影学习环境，让很多人对电影感兴趣的人可以在一起观看电影，交流想法，相互帮助？当你在拍电影时，每天都要工作15个小时，你根本没时间思考其他事情。人们需要一个对事物保持兴奋感的环境，而好莱坞并没有这种环境。"

无论超级老板的办公地点是否搬离市中心，平等观念、长时间工作、对愿景的共同追求和信仰都是"宗教型团队"的组成部分。在我采访过的员工中，他们都描述了各种共同的记忆、工作习惯、沟通方式……电影导演兼特效大师菲尔·蒂佩特回忆说："卢卡斯的员工之间存在一种凭直觉就能理解的语言。我们发明了一种几乎依靠心灵感应的语言。我们对电影史、参考资料以及过去曾给过我们灵感的事物烂熟于心，这在某种程度上促使我们达成了一种共识。在讨论某个特定事物时，我们会连续数小时对这一事物进行描述，有人会说：'嗯，没错，它感觉更像《日落黄沙》（The Wild Bunch）中的第三场打斗戏。'此话一出，大家就都知道是什么意思了。"

这就是一种"几乎依靠心灵感应"而形成的默契。哪怕是结婚多年的夫妻也未必有高度的默契，然而在超级老板管理的企业中，员工间的这种默契度很常见。

品德与天赋同等重要

圣安东尼奥马刺队（San Antonio Spur）是 NBA 过去 17 年里最成功的职业篮球队之一。自 1997 年以来，它几乎每个赛季都能进入季后赛，并且在 2014 赢得了队史第五座总冠军奖杯。马刺队的一连串胜利不仅表现在球场上，还体现它的人才培养上。该队很多的助理教练后来成为了亚特兰大老鹰队（Atlanta Hawks）、新奥尔良鹈鹕队（New Orleans Pelicans）、俄克拉荷马雷霆队（Oklahoma City Thunder）、奥兰多魔术队（Orlando Magic）、费城 76 人队（Philadelphia 76ers）和犹他爵士队（Utah Jazz）的主教练或总经理。马刺队已经成为 NBA 的人才工厂。

这反映出了马刺队两位超级老板的管理方式，他们分别是主教练格雷格·波波维奇（Greg Popovich）和总经理 R.C. 布福德（R.C.Buford）。二人都强调球队管理层在做决策时要具有较强的团队精神。尽管助理和前台员工在其他球队可能被边缘化，波波维奇和布福德却将这些人员视为球队领导层的一个重要组成部分，并让他们参与决策过程，希望他们能提供一些好的决策思路。

比尔·沃尔什也采用类似的方式管理球队，他坚持培养员工的归属感。这意味着他本人、他的球员，还有教练组要克服自大心理，营造一种开放对话的团队氛围。在研究前一周比赛录像的过程中，即使是级别最低的助理看到了被忽略的某个要点，沃尔什也允许他畅所欲言。沃尔什甚至在比赛期间也鼓励场外人员进行这种开放式对话。每逢周日，沃尔什要求教练组和球员提供反馈信息，以便对出场人员或战术进行适当调整。

有时候，当沃尔什想招募新球员时，他会先单独与球探见面，然后把所有人召集在一起，一起分析这名球员的特点。他说："我们的会议每个人都要参与发言，球探或教练员可以充分表达自己的意见。如果他在某方面言过其实或避重就轻，完全可以在稍后改变自己的观点，其他人不会因此而批评他。"

超级老板培养团队精神的一种重要方法是只招有合作能力的人。"我们有一个基本原则，那就是我们不招任何爱捣乱的人，"

迈克尔·迈尔斯告诉我，"我们认准这样一条道理——这世上的人才有很多，我们要招德才兼备的人才，而不要那些有才无德之人。只有这样，我们才能把卡夫食品变成一个人人都能享受工作的地方。"迈克尔之所以这样说，是因为他认为"捣乱分子"会为了自己的成功牺牲同事的利益，他们的存在会让其他员工每逢关键时刻便提心吊胆，也有可能导致团队成员之间产生"自相残杀"的行为。

超级老板向员工灌输团队精神的另一种方式是严格地以身作则。众所周知，迈尔斯·戴维斯喜欢公开盛赞员工所做的贡献。"如果说我是这支乐队的灵感来源和联系的纽带，"戴维斯曾经说过，"那么，托尼·威廉姆斯就是创意之火，韦恩·索特就是我们的智囊，罗恩·卡特和赫比·汉考克则是我们的精神支柱。我只是负责把所有人聚在一起。"

对比尔·沃尔什教练来说，对高绩效团队和员工有情有义是至关重要的。他问道："如果组织辜负了你的付出和努力，你还会渴望加入这样的组织吗？"其他超级老板也高度重视情义，尤其是在团队成员陷入困境或需要保护的情况下。在生活和工作上帮助他人是潘尼斯之家一个不成文的规定。"作为一名员工你会感觉到别人都在关心你，"吉尔伯特·皮尔格拉姆说，"如果你在生活上遇到了一点麻烦，整个餐馆的人都会伸出援手。当然，前提是大家平时会了解互相的隐私。"换句话说，情义体

比尔·沃尔什

人生导师型超级老板，NFL"西海岸进攻"时代缔造者，门生无数

　　比尔·沃尔什，美国橄榄球联盟史上最优秀的教练，曾任旧金山49人队主教练。执教期间，比尔发明了"西海岸进攻体系"，帮助球队三次夺得超级碗冠军。他分别在1981年和1984年被美国国家橄榄球联盟评为最佳教练。1993年入选职业橄榄球名人堂。

现了超级老板对团队的忠诚。在超级老板的组织里，"团队"不是一句空洞的口号，它有丰富的内涵，领导者会不断强调团队精神的重要性。

我的采访结果显示，超级老板以团队为导向的行为对员工有着深远影响。克莱顿·麦克沃特（Clayton McWhorter）曾在HCA 担任总裁兼 CEO，他后来创立并掌管健康信托公司（Health Trust）。克莱顿告诉我，他和他的同事坚信："如果我们为客户提供优质服务，秉持客户至上的理念，并吸引优秀人才与我们共事，那么我们就会得到整个团队的支持。员工永远是最重要的。"曾在比尔·桑德斯手下担任高管的唐·苏特尔告诉我，他一直以来都很敬仰桑德斯的团队精神理念，他也尝试着把这种理念融入到自己的企业当中。"对员工真诚以待是凝聚团队力量最好的方法……这样，我们一起实现的成就比那些单打独斗的超级巨星要大得多。"苏特尔说。

很明显，当你把超级老板作为一个群体考量时，他们的管理模式并不仅仅是真诚待人或忠于团队。实际上，这个模式还有更多内容。有职业思维的优秀管理者一直都以诚待人并忠于企业，而超级老板会更进一步，他们会用创造性的方式与团队成员相处，从而与员工建立牢固的情感纽带。比如超级老板有意识地创建独特的企业文化，从而培养员工的团队认同感。

如果你曾为玫琳凯化妆品公司的创始人玫琳凯·艾施工作，

那你肯定会知道那位西装翻领上别着一枚大黄蜂胸针的员工是一名优秀员工；公司里流传着的某些歌曲在无形中体现了公司的原则或信条（例如有一句歌词是"如果你想当总监，你就得把事情做好"）；你还会知道，年终奖得到一辆别克君威汽车的销售人员与得到一辆凯迪拉克的销售人员之间有何区别——君威汽车保险杠上的贴纸仿佛在说："当我长大了，我就变成了凯迪拉克。"你也会知道在公司里流行的各种观点，例如领导的速度决定团队的速度。这些真实发生在企业中的事情，营造了一种独特的文化氛围，让工作变得充实而有意义，增强了员工的认同感。

与绝大多数优秀的职业经理人不同，超级老板还通过发起工作之外的社交活动来打造团队文化。当结束了一天的指挥教学课程时，约玛·帕努拉会和学生们开开玩笑，并鼓励他们相互熟悉。"他很关心学生，"帕努拉的一位学生解释道，"他一直和我们在一起，我们一起吃住，还一起去看画展。"朱利安·罗伯逊会在周末带领他的团队去参加非正式的拓展训练。他们会特地到一些山区景点放松心情，以便团队成员之间相互了解。

HCA 的资深员工维克托·坎贝尔回忆说："医院的同事在下班后会一起打篮球，我们有一群人喜欢打篮球，托米每周三晚上也会和我们去市政中心打篮球。他跟我们在球场上拼杀，他的小孩和我的小孩则在看台上玩耍。"杰伊·恰特经常以轻松的方式与同事进行社交活动，将私人生活与职场生活的界限模糊化。"我花了一段时间才适应杰伊的做法，"恰特戴伊广告公司前创意总监鲍勃·迪翁回忆说，"他会关上办公室大门，和我一起到餐厅吃晚饭，还会在周末打电话邀请我在市中心碰面，四处随意走走，然后把我们的家人叫上，一起吃早午餐。"

2C 原则——群体效应的催化剂

1959 年，作曲家兼制作人贝瑞·戈迪（Berry Gordy）从亲戚那里借来 800 美元，创立了一家小型独立唱片公司——摩城唱片公司（Motown）。威廉·罗宾逊（William Robinson）是他签下的首批歌手之一。罗宾逊做过街头艺人，有着一副悦耳的嗓音。他的绰号"护林熊"（Smokey）更是广为人知。1960 年，罗宾逊和他的奇迹乐队（Miracles）凭借一曲《四处寻觅》（*Shop Around*），登上了美国告示牌（Billboard）节奏布鲁斯（R&B）排行榜榜首。这是摩城唱片公司无数成就的开始，该公司后来成为美国音乐史上最著名的唱片公司之一。

戈迪还签下了至上乐团 (the Supremes)、马文·盖伊 (Marvin Gaye)、诱惑乐队 (the Temptations)、顶尖四人组乐团 (the Four Tops)、格蕾蒂丝·奈特与种子合唱团 (Gladys Knight and the Pips)、玛莎与凡德拉斯合唱团 (Martha and the Vandellas)、

年少的史蒂夫·旺德（Steve Wonder）和流行音乐之王迈克尔·杰克逊所在的杰克逊五兄弟乐团（Jackson 5）等传奇乐团和歌手。毫无疑问，这些艺人都拥有极高的音乐天赋，戈迪的指导在他们成为超级巨星的过程中起着重要作用。

与其他超级老板一样，戈迪创造了一个特殊的环境，用以塑造和培养这些音乐天才。后来，人们把摩城唱片公司称为"金曲乌托邦"（Hitsville）。公司要求所有人每周开会讨论唱片的质量控制和评估问题。尽管标准非常严苛，但公司仍会给艺术家们创造性试验的空间，并赋予他们不怕犯错的勇气。公司的很多年轻艺术家缺乏社交和演讲技巧，于是戈迪创建了一所内部进修学校，让艺人们学习进餐礼节、穿衣打扮、形体控制乃至情绪管理。随着美国国内种族关系越发紧张（当时的美国已经进入民权斗争时代），戈迪开始聘请专家为歌手编舞和打造表演风格，把"包装"后的艺人推向主流观众。

摩城唱片公司的艺人们努力完善技能，使自己的音乐事业得以腾飞，艺人之间结下了深厚的情谊。顶尖四人组的成员之一杜克·法基尔（Duke Fakir）在接受《名利场》（Vanity Fair）杂志采访时说："我们成为了朋友，一起打篮球，一起玩牌，一起吃饭。我们并没有产生'既生瑜何生亮'的无奈感，因为我们相继取得了成功。摩城唱片是一个做音乐的好地方，这里每时每刻都有关于音乐的讨论，而且音乐的标准在不断提高。"

　　然而，艺人间的这种快乐和温暖氛围并不意味着戈迪手下的人才不相互竞争。作曲家和唱片制作人拉蒙特·多兹尔（Lamont Dozier）回忆说："随着时间的流逝，竞争变得越发激烈，为了保持领先，你一定要始终占据行业佼佼者的地位。"艺人们对人气、关注度和经济收入的渴求是真实存在的，但这种渴求从未造成恶劣影响。史蒂维·旺德回忆道："摩城的竞争并不是那种'我不喜欢你'式的竞争，更像是'布瑞尔大厦'①型的竞争。它是一种挑战，要求我们写出美妙的音乐、伟大的歌曲。对我来说，这是一件极为有趣的事情。我爱死戈迪了，他简直就是我的命中贵人。"

　　我们已经看到，超级老板不会轻易地把员工分为三六九等；他们既固执己见，又从谏如流；他们既事必躬亲，又能大胆授权。在这些矛盾的特质上，我们还要增加一点：超级老板既努力培养团队精神，又有意地鼓励员工在团队中进行激烈竞争。我把这种集合作与竞争于一体的"可燃式"混合体称为"2C"（Cooperate and Compete）原则，它显著地提高了团队每一个成员的业绩。哪怕是最优秀的传统管理者，也很少有人能真正地实践这种管理原则。

① "布莱尔大厦"（Brill Building）是位于纽约时代广场附近的一幢十层高的大楼。当年有大约 160 位音乐界、唱片业界人士在那里办公。整个 20 世纪 60 年代，这栋大厦为流行乐界贡献了无数金曲。——译者注

也许拉里·埃里森一直都没有把合作这部分做好，但在竞争这方面，他没有任何问题。他的一位员工回忆说："埃里森过去经常鼓励员工去争夺开发方案。他觉得内部竞争是个很有意思的想法。"然而，其他很多超级老板都力求实现真正的2C工作环境。洛恩·迈克尔斯想在《周六夜现场》营造一种家庭氛围，但他也特别提倡竞争精神，所以他聘请了超出节目定期演出所需的演员人数。结果，演员们每周都要进行紧张而微妙的竞争，因为每个人都想让他们所描述的场景能够被制作或表演出来。

同样地，在老虎基金管理公司的午餐会上，只有少量的"电台报道"机会。在这个时间段里，有想法的分析师可以在同行面前给朱利安·罗伯逊留下深刻印象。因此，分析师们都竞相争取这些名额。"在不同时间段，桌子周围总是有50个人，你可以在资产、关注度、公司最佳员工、你所属年龄段盈利的最高员工等方面与他们竞争。"切斯·科尔曼告诉我，"这就是发生在公司内部的竞争，但我们都想把'蛋糕'做大，因为这对所有人都有好处。"

吉恩·罗伯茨也是一位既能很好地控制内部竞争，又能确保团队合作的超级老板。罗伯茨告诉我，他会经常把"明星员工"分开，让他们各自成立小组。没有低绩效员工拖后腿，他们能尽情发挥自身优势。同时，这还可以在各个小组之间营造竞争氛围，向整个组织传递"追求卓越"的理念。团队精神是这种结合体的一部分。在管理员工的过程中，罗伯茨营造了"一种合作感。在这种合作中，每个人都意识到，光凭少数几个人是无法出版一份伟大的报纸的，更创造不出任何伟大的事物。一方面，人们也许可以互相竞争，但另一方面，他们也要明白彼此工作的意义，并在必要的时候给予支持"。

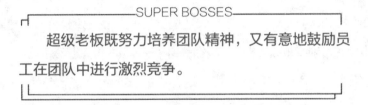

SUPER BOSSES

超级老板既努力培养团队精神，又有意地鼓励员工在团队中进行激烈竞争。

良性、均衡的竞争对组织非常重要，它能产生一种"群体效应"：你帮助别人变得更优秀，他们就会帮助更多的人变得更优秀。甲壳虫乐队的保罗·麦卡特尼（Paul McCartney）曾这样评价约翰·列侬（John Lennon）："如果我做好了某件事，他就想把事情做得更完美。这就是我们共事的方式。"有人问网球冠军吉姆·考瑞尔（Jim Courier）："在尼克·波利泰尼网球学校学习的那几年，你学到了些什么？"考瑞尔答道："尼克给我们提供网球、网球拍，然后安排了很出色的球员，让我们在网球场上一决高下。"在谈到这所培养了众多世界级选手的网球学校时，创始人波利泰尼是这样说的："我们这里有很多优秀选手，我让他们互相竞争，总会有人脱颖而出。顶尖选手就是这样挑选出

来的。"良性竞争还使高科技群体或地理中心变得更有吸引力，比如硅谷。那里存在着大量科技巨头，优秀人才争相前往，使新的科技理念不断得以传递。

让我们来到喜剧世界，用直观的例子说明超级老板是如何运用 2C 原则的。威廉·诺德塞德尔（William Knoedelseder）在他关于洛杉矶喜剧场景的精彩著作中，描述了"喜剧演员聚集在位于纽约第 45 街和第 9 大道的'即兴'酒吧练习台词，发表评论。他们的思想相互碰撞，并在鸡尾酒纸垫上写下自己的想法"。在 20 世纪 70 年代，这些喜剧演员包括杰·雷诺（Jay Leno）、理查德·路易斯（Richard Lewis）、伊莲·布斯勒（Elayne Boosler）、安迪·考夫曼（Andy Kaufman）、吉米·沃克（Jimmy Walker）以及理查德·贝尔泽（Richard Belzer）。他们都很重视上台表演的机会，然而他们也帮助彼此的实现更好的创意。

诺德塞德尔还描述了两位午夜喜剧节目泰斗杰·雷诺和大卫·莱特曼（David Letterman）早年在洛杉矶是如何形影不离的。他说："他们既是竞争对手，也是学习伙伴。他们夜复一夜地在'喜剧商店'俱乐部（Comedy Store）表演。当他们不上台表演的时候，就一起站在后台，仔细聆听别人的表演，如饥似渴地学习着。"这简直是职场中竞争与合作的一个典型例子。

通过调动两个"C"，超级老板创造出属于他们自己的人才中心。该中心以思想活跃和充满人文精神著称。有些超级老板的门生把他们为超级老板工作的经历比喻成到一所竞争激烈的研究院学习，就像视觉特效专家兼导演马克·狄培（Mark Dippe）所说那样："对我而言，卢卡斯的工业光魔公司就是最好的电影学校。"

超级老板在有意无意间创造了一个大熔炉，让各种思想在这里碰撞，不断产生新想法。反过来，这个熔炉为员工的出色表现提供了动力。"群体效应"使超级老板能够用所有技巧激励员工并强化他们的表现。而这最终会产生所有人喜闻乐见的结果：每个员工可以实现他们最疯狂的梦想，团队和组织也能够创造大于个体之和的整体价值。

按能力划分群体，因材施教

与传统的优秀管理者相比，超级老板以更依赖直觉、更有效的方式去建设团队，而不是按部就班。他们所做的一些事情看似是经过深思熟虑的，但他们实战手册中的大部分策略都依靠直觉。团队建设不一定要远离组织的日常生活，在五星级的度假村中进行；反之，工作也不一定从生活中剥离，它可以成为人生中最重要的人际关系生根发芽之地。

超级老板采用的方法让组织获益匪浅，远超现有的高绩效团队。"群体效应"是我们用来培养人才最强大的工具之一，它

使超级老板成为吸引更多未来人才的磁石。只要是有抱负和才华的人，又有谁不想进入一个有机会接触到更多杰出人才并从他们身上学习知识的组织呢？"群体效应"还让企业成为更具创业精神的地方。杰伊·拉斯特（Jay Last）曾在仙童公司与罗伯特·诺伊斯共事，他后来离开仙童，创立了泰利德公司（Teledyne）。他回忆说："仙童公司里很多人在周五晚上都会聚在一间酒吧。在这里，也许你和你的同事这周还在聊天，下周就会成为生意上的竞争对手。"请想象一下，跟戈登·摩尔和罗伯特·诺伊斯一起出去消遣会是什么样子。当你把一流人才放在一起，让他们彼此合作和竞争的时候，你就在最具活力的企业中培养了一种可见的创造力。这将极大地推动企业的创新和发展。

因此，超级老板实战手册是极其重要的，它不仅利于物色人才、激励、创新和管理发展，还有助于将个体汇集成一个充满活力、锐意进取的团队。你可以反思自己的人才管理方式，看看你有没有创造"群体效应"。如果吉恩·罗伯茨喜欢把他的"明星员工"放在一起，那你为什么不在你自己的组织或部门中尝试这种做法呢？

达特茅斯大学经济学家布鲁斯·塞萨尔多特（Bruce Sacerdote）对初等教育和中等教育的研究表明，"群体效应"在教育界也非常实用。他发现促进儿童成长和发展的最好方式之一就是把成绩优秀的孩子和学习落后的孩子分开教育。对于管理者而言，也许他们担心这一做法会造成员工业绩表现的两极分化。但实际上，业绩落后的员工也会变得越来越优秀，因为他们不再因同事能力强于他们而感到气馁。假如你喜欢长跑，而且正为跑进时速 12km/h 而发愁。当你有机会跟奥运马拉松选手（一般时速为 20km/h）一起训练时，你是会更郁闷还是会更兴奋？当然，无论如何这对奥运选手来说是一件好事。职业体育人才机制奉行因材施教的原则。职业篮球队不会把不同水平的球员集中在同一个球队，它们有一个"小联盟"球队体系，比如"A 级"球队、"AA 级"球队、"AAA 级"球队；然后才是"大联盟"球队。在生活的大多数领域，具有相似能力的人会自然而然地相互促进。超级老板会凭直觉利用"群体效应"，而作为一名管理者，你也可以有意识地那样做。

　　如今，很多组织所使用的团队建设技巧主要是为了重新团结那些有脱离团队趋势的员工。如果我们从一开始就防止这种趋势的发生，那会怎么样？也许玫琳凯化妆品公司用来构建团队凝聚力的技巧并不能完全适用于你所在的企业，但何不留意和赞扬在工作中自然产生的特殊用语呢（例如古怪的词汇或圈内人才听得懂的笑话）？何不大胆授权，与同事并肩作战，以身作则地向团队展示自己的忠诚和奉献精神呢？何不精心安排好工作，以便刺激内部竞争呢？何不在你的组织里创建论坛，

让上下级交流想法，并公开赞赏优秀员工呢？

当然了，你一定要同等重视竞争与合作。如果你觉得物理距离成为了障碍，你要知道，科技可以弥补物理位置上的差距，让人们得以充分接触，从而进行有意义的合作和竞争。这能形成一种强烈的团队认同感，把员工紧紧地凝聚在一起。

借鉴超级老板组建和培养团队的方法，管理者并不是唯一从中受益的人。如果你觉得自己可能正在为超级老板工作，那你应该重视同侪关系，并采取一些行动。在组织架构中，尽管向上管理和向下管理都很重要，但作为超级老板的门生，你也应该采用"平级管理法"。你的同事群体是一个不可估量的学习源泉，所以你一定要充分利用好这些资源。优秀的商学院能创造出一种高度互动的文化，学生们处于充满活力的团体中，他们彼此之间建立友好关系，互相学习，共同进步。在这种情况下，学生们没法不变得更优秀。

我们还要吸取一条重要的经验：大家都渴望成功，超级老板知道平衡和整合截然不同的目标是取得成功的关键；而放弃线性思维，即假设某件事物是好的，也是影响成败的关键。在2C 原则下，我们发现超级老板再次面临矛盾局面。大多数老板害怕矛盾，但超级老板敢于去接受这些矛盾，从中获得巨大价值。矛盾的存在，是含蓄地告诉我们要坦然面对生活中的一切，而不仅仅是我们认为生活中最舒坦的一面。我们越能维持紧张局面，就越能随着时间的推移深化与矛盾双方的关系，并且适应员工、市场和组织的实际行为方式。

鉴于门生们与自己的超级老板建立了共同认知和密切的情感联系，你可能认为他们会永远待在超级老板的组织里。我所研究过的许多门生确实追随超级老板数年，甚至数十年，这不足为奇。为超级老板工作会获得前所未有的学习良机和进步空间，若你已是"天之骄子"中的一员，而且和信任的同事一起并肩战斗了许久，你怎么可能轻易离开？有的人确实会因为自主创业和在别处获得更大发展的良机等理由离开组织。然而，在大多数情况下，他们对超级老板的忠诚和同事间的情谊不会改变，因为他们已经成为了超级老板职业关系网的积极参与者。

如今，很多有老板和组织不会花费精力维持与前雇员的关系，但超级老板会这样做，因为他们认为这些关系对他们个人和组织的成功至关重要。我们会在下一章看到，超级老板的人际关系网是不断扩张的，这给网络中的每个人带来更多可利用的机会。正如你所看到的那样：你可以离开超级老板，但超级老板从来没有真正离开过你。

第 8 章

变非终身员工为长期人脉

SUPER
BOSSES

HOW EXCEPTIONAL LEADERS
MASTER THE FLOW OF TALENT

杰伊·恰特

了不起的混蛋型超级老板，另类的广告人，爱布置不可能完成的任务

杰伊·恰特 被美国《广告时代》杂志评为 "20世纪最伟大的100位广告人"之一。1962年，杰伊·恰特与盖·戴伊（Guy Day）在洛杉矶成立了 Chiat/Day 广告公司。该公司创作的创意广告片《1984》在第18届超级碗电视直播中推介苹果公司的麦金塔计算机，成为了苹果公司的世纪经典

　　这些年来，你一直是颇受重用的员工。你已经获得宝贵的经验，学到了比想象中多的知识，交了不少朋友，甚至在工作中收获很多乐趣。但现在，你觉得是时候离开寻求更大的发展了。你找到你一直以来崇拜和尊敬的老板。你有点紧张，因为你不知道他会作何反应。他会试着说服你留下来吗？他会出于内疚而用奖金挽留你吗？他会勃然大怒，指责你背叛了培养了你的组织吗？他会对你的去留毫不关心吗？又或者，他会理解和尊重你的决定，祝你顺利，并尽其所能帮助你取得成功吗？

　　1999 年，在潘尼斯之家担任了将近 5 年的大厨之后，乔安妮·韦尔决定做出改变："我已经准备好离开了，但我确实不想走。可我知道，如果当时我不离开，我可能就永远不会走了。有些厨师已经在那里工作了 10 年甚至 15 年，我把这些人称为

终身囚犯，我可不想成为这样的人！"当她把自己的决定告诉爱丽丝·沃特斯时，沃特斯邀请她到自己家里喝杯酒，这让韦尔感到很意外。在谈话中，韦尔解释说，她必须离开潘尼斯之家，但她并不想过河拆桥，反而想在某种程度上与餐厅保持良好关系。沃特斯想到一个两全其美的解决方案，她让韦尔去自己与人合资开办的芬妮小吃（Cafe Fanny）负责品尝菜式作为过渡，韦尔接受了这份工作。只要品尝美食并给厨师提供意见就能拿工资，这太有吸引力了。在芬妮小吃店工作了一段时间后，韦尔开启了她作为作家、电视明星和餐厅老板的职业生涯，并取得了不俗的成绩。

沃特斯作为一位事务繁忙的名人居然会抽出时间与自己讨论未来，这给韦尔留下了深刻的印象。毕竟她只是潘尼斯之家厨房里的诸多厨师之一而已。但这只是沃特斯给予韦尔更多支持和鼓励的开始。后来，韦尔在美国公共电视台的系列美食节目上现身，还撰写了大量美食文章和烹饪手册。韦尔也曾获得次詹姆斯·比尔德奖，还被希拉里·克林顿安排到"美国大厨团"工作，该团体的职责是利用美食建立跨文化联系。

有些老板也许会因他们以前的手下取得巨大成就而嫉妒不已，或者在其需要帮助时袖手旁观，但沃特斯不会这样做。她参加了韦尔的电视节目，还在韦尔的第一本书出版时，邀请她担任潘尼斯之家的客座厨师。2012 年，韦尔的著作《乔安妮·韦尔的烹饪秘诀》出版，沃特斯写了很有分量的推荐语："作为一名厨师、老师和作家，乔安妮·韦尔有着坚不可摧的信念，即烹饪应该是一件纯粹和简单的事，而食材也应该清爽新鲜。"

实际上，这是沃特斯对于韦尔的美食理念的一种坚定支持。这是超级老板实战手册让超级老板及其追随者实现共赢的另一种体现。而韦尔也特别感谢了沃特斯对她的帮助，并且继续跟沃特斯保持联系。只要有时间，她就会去拜访潘尼斯之家。韦尔说："我要多了解这家餐厅，就算去吃顿晚饭也好，只要去那里就行。"

韦尔并不是唯一一个离职后仍然跟沃特斯和潘尼斯之家保持良好关系的员工。当莎莉·克拉克在伦敦为她的克拉克餐厅举行 30 周年店庆时，沃特斯前去拜访了她，并帮她拟定菜单；而其他曾在潘尼斯之家工作的重要员工如大卫·林赛（David Lindsey）和克莱尔·普塔克（Clair Ptak）也在厨房里帮忙。回到美国，沃特斯又以客座厨师的身份助阵迈克尔·塔斯克（Michael Tusk）的米其林二星餐厅昆西餐厅（Quice）成立 10 周年庆典。韦尔说："沃特斯非常愿意帮忙，她会永远支持那些与她共事过的人。"

除了沃特斯给予的直接帮助外，潘尼斯之家这个品牌会不断地把餐厅前雇员相互联系起来，推动他们的事业向前发展。这就像是常春藤联盟的学位证书对求职应届生的作用。韦尔曾

经把潘尼斯之家称为"餐饮界的哈佛大学"。尽管她这句话主要指餐厅员工的工作能力和激情，但从名气来看，这个称号显然实至名归。"无论你走到哪里，总会遇到某些人，他们认识曾在潘尼斯之家工作的人，或者听说过爱丽丝·沃特斯，又或者读过她写的烹饪书籍，"沃特斯的女徒弟西恩·利珀特说，"当你想在其他国家开餐厅时，潘尼斯之家的名号就能为你打开市场。"

仔细分析其他超级老板的员工，我发现他们离职的经历非常相似。员工可能会因为很多理由，以各种方式离开原来工作的企业，而有些原因与超级老板无关。当然，也有的超级老板追随者最终会长时间地为一家企业工作。

然而，我从绝大多数离职员工身上发现了一个惊人的事实：当他们离开企业时，其实并没有真正割断联系，相反，他们会成为超级老板俱乐部的永久会员。这个俱乐部是由曾在这家企业工作过的员工、合作过的客户、供应商和其他相关人员组成的大家庭。随着时间的推移，俱乐部成员以及跟超级老板之间的关系愈加紧密。他们喜欢这个大家庭，成员之间保持着密切联系，并拥有强烈的忠诚感。每个成员都可以利用俱乐部其他成员提供的巨大资源，建立起令人瞩目的事业，并成为他们所在行业的领军人物。

超级老板的人际关系网络在推进员工事业发展的过程中有多重要？美国肯塔基大学教授丹·哈尔金（Dan Halgin）

以这个问题作为他博士论文的研究主题。他收集了一级联赛[①]2001～2007年所有282次换帅的数据，并采用统计学方法评估一名主教练受邀到一所更负盛名的学校担任主帅的概率。根据这些数据，哈尔金需要统计出每一名教练（无论是作为主教练还是助理教练）在其职业生涯中的累计胜率、在NCAA季后赛中的累计总出场数，以及在接受新帅位的前一年担任NCAA球队主教练或助理教练的次数。这些累计胜率、出场总数等指标是评估一名教练执教水平的可靠数据，然而，如果要根据这些数据来决定是否聘用某位教练，还有一个决定性因素：这名教练是由超级老板式的人物构建的"教练谱系"中的一员吗？事实证明，成为适当关系网中的一分子有助于获得这份工作，它甚至比过往辉煌的执教记录更有效。

那么你是否因为在某个超级老板手下工作，而成为类似精英俱乐部中的一员，并从中受益呢？尽管关系网这一概念并不新鲜，可当你仔细研究时会发现，几乎没有哪个企业或老板意识到与离职人才保持联系的重要性，更遑论利用其好处了。相比之下，几乎每一个我研究过的超级老板都把这当做首要任务，这反映出超级老板对员工的离职持截然不同的态度。

[①] 一级联赛是全美大学生篮球联赛(NACC)最高一级的体育联赛。其中男篮目前共有32个联盟，346支球队，按规定，每支球队都可以有最多13名球员得到全额奖学金。——译者注

没人希望自己最优秀的员工离开企业，但正如我们在第 2 章看到的那样，超级老板不怕员工离职。相反，大多数超级老板把顶尖人才的离去视为组织成长的自然结果，即使不热情拥抱它，也要接受它。超级老板将他们的门生关系网视为一种对他们自己和组织都有益的机遇和资产，这是可以理解的。

门生关系网，长久的情感与利益联盟

今天是你工作的第二天。这里所说的工作，是指你踏上社会以后第一份真正意义上的工作。此刻，你正站在小便池前（如果你不是男性，此刻请迁就我一下），顺便和隔壁小便池的那个人攀谈起来。他自我介绍说，他是你所在组织的创始人。不过谢天谢地，他没有主动和你握手。

这正是史蒂夫·阿尔伯蒂回忆起他在 1977 年遇到他的超级老板杰伊·恰特时的情形，他在恰特戴伊广告公司工作了 18 年。"那次初遇让我了解到杰伊矛盾的个性。他一方面让你感觉自己受到欢迎，另一方面又让你感觉难堪。每当遇到杰伊时，你实在搞不清他到底要表扬你还是要消遣你。"阿尔伯蒂说。他把恰特及其企业的文化描述为一种"既冷又热、阴阳参半、爱恨交加的矛盾结合体"。对阿尔伯蒂来说，恰特是典型的犹太母亲型人物——不会内疚，懂得放弃。

与乔安妮·韦尔离开爱丽丝·沃特斯不同，阿尔伯蒂不是在双方关系良好的情况下离开恰特的。阿尔伯蒂告诉我，在他快离开公司之前，恰特要求公司的 CFO 阿德莱德·霍顿解雇阿尔伯蒂，但恰特没有透露具体原因。霍顿拒绝了，她提醒恰特说，阿尔伯蒂是恰特戴伊公司任职时间最长的员工，不过她同意调整阿尔伯蒂的职责。

当阿尔伯蒂收到风声时，他给恰特写了封"地狱来信"，恰特看过信后勃然大怒，于是阿尔伯特干脆直接辞职。"有人劝我回去，但我没有接受这个建议，那不再是我热爱的地方。尽管我知道杰伊看了那封信后会生气，但我还是要求见他一面。见面之后，他果然对我大发雷霆。我拿起大衣，头也不回地朝门外走去。对我来说，这感觉就像被自己的父亲抛弃了。"阿尔伯特说。

这一切差不多发生在 20 年前。你可能会觉得，阿尔伯蒂受到这种待遇，他至少会对恰特怀恨在心，或者很难走出阴影。但事实恰好相反，如今，阿尔伯蒂不仅对恰特念念不忘，还以他的名义创建了一个网站。网站的标题称，该网站"献给杰伊·恰特的远见卓识、活力和易怒的个性，并献给有幸且有耐心为他工作的所有同仁"。

当我采访阿尔伯蒂时，他似乎很难解释清楚创建这个网站的原因；而在与其他员工交流时，我意识到，这种难以解释的

情感和依恋之情恰恰是超级老板与其门生之间的关键联结点。在离职数年甚至数十年后，员工仍然对他们的超级老板心怀某种深厚的情感，而超级老板的人际关系网正是建立在这种情感联系的基础上。已离职的员工对超级老板不一定怀有好感，但情感联系让员工在某种程度上忠于超级老板的人际关系网并成为其中的一分子。员工尊崇超级老板，将其视为自己的第二父母，就像我们前面所看到的，超级老板就是教父或教母式的人物。

在研究过程中，我发现员工非常愿意跟我谈论他们的超级老板。想让忙碌的职场人士积极参与到我的调研中不是件容易事。而我惊喜地发现，我所联系的绝大多数人都迅速地回复了我的电话，因为他们知道我想了解他们的超级老板。当我们坐下来聊天时，他们很自然地讲述自己的经历，并告诉我这些老板对他们有多么重要。甚至有不少员工告诉我，他们"爱"自己的超级老板，并将其视为"灵感来源"。重申一遍，这通常发生在他们离开超级老板几十年之后。获得多项设计大奖的男装设计师杰弗瑞·班克斯在职业生涯初期曾担任拉尔夫·劳伦的设计助理，他对劳伦的感情颇具代表性。他告诉我："劳伦就像我的教父。他很关心我，关注我的个人发展"。

员工们还以其他方式表达他们对超级老板的持久感情。电影导演乔纳森·戴米（Jonathan Demmy）在每一部电影里都会为他的超级老板罗杰·科尔曼留一个小角色。科尔曼在戴米的电影《沉默的羔羊》（*The Silence of the Lambs*）中扮演联邦调查局负责人，在《谍网迷魂》（*The Manchurian Candidate*）中扮演部长先生，还在《费城故事》（*Philadelphia*）中扮演了莱尔德先生。戴米并不是唯一这样做的人。科尔曼的门生弗朗西斯·福特·科波拉让科尔曼在《教父 II》（*Goodfather Part II*）中饰演一名美国参议员；朗·霍华德则让科尔曼在《阿波罗 13 号》中客串国会议员。当科尔曼在 2009 年获得奥斯卡终身成就奖（并在好莱坞大道获得一颗星形奖章）时，曾经为他工作的各界名流也由衷地向他们心目中的英雄表示祝贺。

我们能够理解为何"人生导师型"甚至是"离经叛道型"超级老板的门生在多年以后仍然和他们保持密切关系，但为什么有的门生对"了不起的混蛋型"超级老板也保持着深厚感情呢？答案就是：所有超级老板都对员工的人生产生了影响，对于员工而言，他们如同教父般的存在。

迈克·西斯霍尔斯告诉我，他之所以离开甲骨文公司，是因为他和拉里·埃里森无法再和睦相处了，而且他不会把埃里森当成朋友。然而，西斯霍尔斯仍然感觉有所牵挂，他说："我很乐意跟埃里森相处，因为回头审视我们一起走过的路是件挺有意思的事。"阿尔伯蒂跟我说道："恰特对我人生和价值观的影响超过了我的父母。他是一个极其有影响力的人，能够和他共事我觉得很幸运。"让 - 皮埃尔·穆勒曾是潘尼斯之家的资深

厨师，后来他被爱丽丝·沃特斯解雇了。从那之后，他就一直在波尔多教授烹饪课，并出版了一本书。他告诉我："沃特斯的员工愿意为她做任何事，也愿意为她付出一切。但有时候，他们也会被她惹怒，因为她就像是你妈妈一样，一次次地要你打扫房间、打扫房间、打扫房间。她也承认自己就是那样的人。"

超级老板与员工之间紧密的情感联系是双向的。爱丽丝·沃特斯曾说："看到像史蒂夫·苏利文（顶点面包公司创始人）在伯克利烘焙有机面包，给全国各地的面包师们以灵感，并加入面包师同业公会（Baker Guild），把烘培面包的技巧教给别人。没有什么比这更令我感到骄傲的了。"拉里·埃里森是典型的"了不起的混蛋型"超级老板，他跟许多员工的关系很紧张，但他也表达过类似情感："即使当我和他们发生争执的时候，我还是为这些家伙感到自豪。"

超级老板通常努力与他们的员工保持联系，即使这些员工已离职多年。当屡获殊荣的设计师约翰·瓦尔瓦托斯（John Varvatos）完成他的第一批作品时，他收到了来自超级老板拉尔夫·劳伦的一封祝贺信。曾在苹果公司担任创意总监的肯·西格尔（Ken Segall）告诉我，尽管他在20世纪90年代中期与杰伊·恰特只共事过一年半时间，但每当换工作时，他总会给恰特打电话，这个习惯已经持续多年："我会打电话给杰伊，通常在3个小时之内我就会收到回复。他会与我详细讨论这件事情并给我提供建议。他就是那样的人。"

超级老板很乐于参加或举办那些能够让他们了解员工事业进展的活动。爱丽丝·沃特斯会每隔 5 年为已离开潘尼斯之家的老员工精心举办一次宴会；吉恩·罗伯茨在 2008 年为《费城问询报》离职员工举行了一次难忘的重聚大会；2013 年，比尔·桑德斯和他的追随者们在拉斯韦加斯举办了一场座无虚席的聚会；洛恩·迈克尔斯则为曾在《周六夜现场》工作过的演职人员举办过多次周年庆活动和聚会。

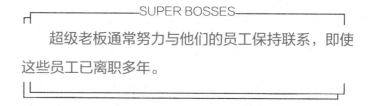

—————— SUPER BOSSES ——————

超级老板通常努力与他们的员工保持联系，即使这些员工已离职多年。

超级老板还会不时与老下属通话。在 2006 年，瑞克·博曼（Rick Burman）告诉我，他仍然将布林克视为自己最要好的朋友："昨天我还跟他通过电话，聊了一会儿天。他也给我打过电话，询问我的近况。"托米·弗里斯特的门生关系网集中在田纳西州的纳什维尔市，这使得他们能够经常见面。他说："我们都住在同一片区域，有着高度重叠的社交圈，还会经常在一起支持附近的社工组织。"老板打电话给前雇员这种做法当然不是常态，而旧同事之间保持相互往来的现象也并不常见。但超级

老板和其追随者们曾一起经历过这么多事情，他们都倾向于强化双方的关系，而不是选择卸磨杀驴。

"这份情谊是显而易见的，"托米·弗里斯特的另一名门生告诉我，"一旦你成为这个家庭的一员，你就会永远是它的一部分。每一个曾经加入这个家庭的人都能联系其他人。"曾任好时食品公司 CEO 的理查德·莱尼（Richard Lenny）是这样描述迈克尔·迈尔斯的旧下属关系网所产生的影响的："这并不是说我们达成了某种秘密协议，而是我们人数够多，有助于形成一个网络，帮助我们相互联系。"喜剧演员比尔·默里说："我和从《周六夜现场》出来的同僚是一辈子的好友，我们会永远保持密切联系，在某种意义上我们一直在合作。"

这种强烈的情感使人想起在莎士比亚的历史剧《亨利五世》（*Henry V*）中，亨利五世国王发表的《圣克里斯平日》（*St. Crispin's Day*）演讲。该演讲的主旨是纪念战败于法军的英国军队（法军人数远超英方）："吾众虽少而乐，亲如兄弟。凡与吾并肩浴血者，皆吾兄弟也。"尽管超级老板可能不会让员工陷入四面楚歌的境地，可员工间的牢固关系依旧令人激情澎湃。我的采访唤起了很多员工藏在心里的深厚情愫。他们说，即使是最轻微的诱因，也能引起潮水般的温暖记忆。比如，对洛恩·迈克尔斯的下属来说，《周六夜现场》的主题曲就是一种诱因。在采访过程中，我没花多少时间就让超级老板的员工说出那些能够定义他们与超级老板（和同事）关系的各种绰号，例如："布林克之子""奶酪神之子"以及"虎崽"等；而有些人谈论的是"布林克大学"和"德雷克塞尔大迁徙"。

当然，在职场中，这种强大的情感联系是很少见的。我们曾与某些人在同一企业工作，当我们另谋出路后，就再也没有回头与老同事们交流感情。想象一下，在全国各地，甚至是世界各地，有一群知心的兄弟姐妹在关心你，希望你有所成就，这是一件多么温暖的事！

"甲骨文老同事会"就是一个超级老板式的关系网，它的会员规模已经超过 4 000 人，并且协助创立了至少 100 家初创企业。罗兹联合公司（Rhodes Associates）的多米尼克·卡斯特里沃塔（Dominic Castriota）是这样评价德雷克塞尔的："在德雷克塞尔工作就像是从常春藤联盟大学获得学位一样。你在那里加入的关系网对你下半辈子都有好处。"我多次听到这种观点。

当你成为超级老板的门生时，你不会再被放任自流，而是有一位教父或教母式的人物和一群兄弟姐妹站在你身后支持你。这种情感联系会一直持续下去，永不褪色。

也许超级老板表达情感时所做的最有意义的事情就是积极推进下属的职业发展。我所研究过的所有超级老板都表现得像仁慈的教父或教母，他们会以门生的名义打听其他地方的工作机会，甚至亲自为其推荐新工作。如果比尔·沃尔什听说某所

希拉里·克林顿

人生导师型超级老板，为离职下属找工作，大胆回聘前员工。

希拉里·克林顿，美国第 67 任国务卿。她也是美国第 42 届总统比尔·克林顿的妻子，美国前第一夫人。她曾参加了 2008 年美国总统选举，并曾在民主党总统候选人初选中大幅度领先，但最终败给贝拉克·奥巴马。2015 年 4 月希拉里宣布参与总统竞选，随后成为美国民主党总统候选人，可最终败给了唐纳德·特朗普。

大学正在招聘橄榄球教练，他不会只打一通电话，而是打 10 通或 15 通电话。很多教练恰恰相反，他们不会为下属去寻找执教机会。

比尔·克林顿和希拉里·克林顿是为已离职员工寻找新工作的典范，毫无疑问他们二人也是超级老板。克林顿夫妇培养了数百名杰出的政治人物和政府要员。许多超级老板的关系网都是非正式的，但在 2008 年希拉里参选美国总统期间，克林顿夫妇的关系网有一部分是被整理好的：很多门生的名字都被写入表格，表明谁是这项事业的支持者和"叛徒"。对那些曾经支持过他们的政治家以及许多后来独自谋求政治职务或其他职位的前雇员，克林顿夫妇会毫不犹豫地予以帮助。

撇开政治不谈，这个关系网无疑给超级老板及其门生创造了巨大价值。特里·麦考利夫（Terry McAuliffe）主持了希拉里 2008 年的竞选事务。作为希拉里的主要筹款人，他表现得十分忠诚，曾筹措了 130 万美元私人贷款用于购买位于纽约州查帕阔的竞选办公室。后来，麦考利夫打算竞选弗吉尼亚州州长，他向比尔·克林顿请求支持。尽管他竞选成功率很低，克林顿还是给予了他支持。麦考利夫确实在那一年的竞选中落败，但在 2013 年赢得了选举。

希拉里的另一名亲信谢莉尔·米尔斯（Cheryls Mills）曾在克林顿手下担任白宫新闻发言人，她被外界形容为希拉里的

"理性代言人"。外界把希拉里的核心智囊团称为"希拉里乐园"（Hillaryland），而鉴于米尔斯在该智囊团中的地位，她后来成为奥巴马总统的首席礼宾官。每逢奥巴马出行，总统专用的"空军一号"飞机上都有一个预留给她的座位。通常情况下，这个职位应该留给奥巴马的好友，但这一次，希拉里的朋友和助手得到了这个职位。

在希拉里担任纽约州参议员和美国国务卿期间，曾为比尔·克林顿效力的很多员工继续为希拉里效力。随后，他们成为克林顿基金会（Clinton Foundation）的领导，这说明超级老板不仅仅在自己关系网之外为下属寻找工作机会，还经常回聘那些已经离开的员工。杰伊·恰特有回聘员工的习惯，比这个习惯更值得注意的是这些员工愿意再次为他工作。洛恩·迈克尔斯也经常把以往的剧组成员请回来，在《周六夜现场》当演员或客串主持人。

为离职员工寻找新平台

除了帮已离职员工找工作之外，有些超级老板还帮助员工创立全新的企业，然后让他们独自经营。超级老板从自己的公司中分拆出子公司，将经营权交给员工。他们只是和员工就日常经营保持接触，而不会实际控制这些企业。随着时间的推移，一个以风险型企业为主体的关系网出现了。

在这种情况下，超级老板几乎能对他们在整个职业生涯中打造的平台或系统施加影响，这体现在他们能改变行业的业务模式。正如苹果 iOS 操作系统为应用软件开发商创造了机会一样，员工们离开他们的超级老板，掌管着属于自己的企业，而这些企业就像是这个平台的特定"应用程序"或关联体。以朱利安·罗伯逊的"虎种"为例，每一个"虎种"以独立经营的方式管理自己的基金，使用的却是罗伯逊的资金、专业技能，甚至罗伯逊在公园大道 101 大厦的办公室。

从某种程度上讲，《周六夜现场》可以作为另一个例子。《周六夜现场》名声大噪之后，这档原创节目的演职人员开始出现在很多独立电影项目中，其中很多电影是在迈克尔斯组建的工作室中制作的，这些工作室与《周六夜现场》有着千丝万缕的联系。迈克尔斯还是 NBC《塞斯·梅耶斯深夜秀》(*Late Night with Seth Myers*) 和《吉米今夜秀》(*The Tonight Show with Jimmy Fallon*) 的监制，而这两档节目都由《周六夜现场》的团队制作。

《周六夜现场》还是其他娱乐载体的鼻祖。虽然这些载体并没有直接运用《周六夜现场》这一平台，但还是得益于洛恩·迈克尔斯某种形式的支持和参与。热门节目《超级制作人》(*30 Rock*) 就是一个例子：尽管迈克尔斯担任此节目的执行制作人，

但它实际上是《周六夜现场》明星蒂娜·费伊独立制作的节目。

另一个例子来自奥普拉·温弗瑞（Oprah Winfrey）。奥普拉是一个极其有影响力、魅力非凡的人，也是美国电视史上最成功的谈话节目《奥普拉脱口秀》（The Oprah Winfrey Show）的资深主持人。奥普拉出身贫寒，据说她小时候穿的裙子是用装土豆的麻袋做的，但她后来赢得无数荣誉，其中包括哈佛大学的荣誉博士学位以及美国总统自由勋章。

在职业生涯早期，奥普拉做出大胆的举动，她创造了一个经过垂直整合的娱乐产业。她建立了影视制作公司哈普娱乐集团（Harpo Productions），拥有《奥普拉脱口秀》的独立制作权。这家公司能够让她不断推出娱乐人才，她可以一直担任主持人，并在自己的节目上采访有鲜明性格的人。如果这些被采访者表现突出，她可以开发他们的潜能，并给他们提供机会，由哈普娱乐集团为他们制作属于自己的节目。这正是费尔博士（Dr. Phil）、瑞秋·雷（Rachel Ray）、苏茜·欧曼（Suze Orman）、玛莎·贝克（Martha Beck）和奥兹医生（Dr. Oz）等人的成名方式。

下面，我要讲讲费尔博士是如何进入奥普拉视野的。1996年，奥普拉在得克萨斯州阿马里洛市卷入了媒体所谓的"危险食品诉讼案"（Dangerous Foods Lawsuit）。奥普拉曾在现场直播时批评疯牛病，作为回应，牛肉行业以诽谤罪起诉她。奥普拉的法务团队聘请费尔·麦格劳博士商量挑选陪审团成员的相关事情。费尔已经获得了临床心理学博士学位，他与塞尔玛·博克斯（Selma Box）合伙运营着一系列成功的自助论坛，在观众面前拥有非凡的魅力。可是对奥普拉来说，他还是个陌生人。实际上，对这个后来被称作"费尔博士"的人而言，奥普拉在得克萨斯州面临的审判就是一场试演。

他们前期的互动十分紧张。费尔在 2011 年的一次采访中回忆说，他一开始觉得奥普拉对待自己的官司不够认真。奥普拉曾尝试将他们的会面时间限制在 10 分钟内，据说费尔曾向她吼叫道："被起诉的人不是我！"他反复要求奥普拉抽出尽可能多的时间，对方的态度才终于软了下来。后来，费尔提到，在打官司那段时间他和奥普拉建立了友谊："在案件审理期间，我们一小群人一起住在城市边上一间家庭旅馆，而且一待就是两个月。我们做过室友，这增进了我们对彼此的了解。我们变成了非常好的朋友，这份友谊一直保持到今天。"

奥普拉最终打赢了官司，而费尔很快就开始出现在《奥普拉脱口秀》一个名为"费尔实话实说"的时段中。他为奥普拉做了一系列特别节目，在节目中他为观众进行现场诊疗，帮助他们减肥、修补人际关系、回归校园。奥普拉是这样评价费尔的："他带给我们数不尽的顿悟时刻。"

为了推广费尔的巡回演讲并支持他的第二本书《拯救人际关系》（Relationship Rescue）出版，奥普拉在节目中专门安排

了这方面的谈话内容，并给现场观众免费赠书。2002 年，费尔博士以主持人兼监制两个身份推出了属于自己的节目。节目播出后，其收视率迅速攀升至全美第二，仅次于《奥普拉脱口秀》。奥普拉还在她的杂志里给费尔留了一个专栏位置。费尔毫不掩饰对这位教母的感激和崇敬之情。"你是否听说过有人比奥普拉更热情地支持你所说的东西？"费尔在谈到奥普拉时说道，"她是电视界的金字招牌。"

并不是所有的超级老板都把自己的组织当成舞台，将公司拆分给个别下属管理。而在那些确实会这样做的超级老板当中，他们还采用其他措施来建立自己的人际关系网。我所研究的很多超级老板与下属保持着一种不太稳定的关系。他们有时候跟已离职员工进行合作，有时候又帮助他们在别的企业寻找机会。这种关系大部分是非正式的，而且永不断绝（至少在超级老板去世之前是这样的）。

超级老板成为一大批明星员工的中心，他们都围绕在超级老板身边。在潘尼斯之家，厨师们会历练一段时间，然后离开餐厅。这种人才模式已经在潘尼斯之家持续了几十年，它也因此成为餐饮界崇尚有机食材的厨师们趋之若鹜的地方。其他建立了类似非正式人际关系网的超级老板还包括克林顿夫妇、迈尔斯·戴维斯以及罗伯特·诺伊斯等人。

不过，我研究过的其他超级老板似乎在建立人际关系网方面较缺乏战略眼光，但他们同样致力于扮演教父或教母式的角色。像诺尔曼·布林克、杰伊·恰特、罗杰·科尔曼、拉尔夫·劳伦、迈克尔·迈尔斯以及约玛·帕努拉等人都有积极思考人际关系网的作用，并且很想扩大这张网络。但他们往往借助超级老板实战手册上的其他方式将员工塑造成全能人才，然后在某种程度上放手，让他们到别处去发挥潜能。随着时间的推移，这些超级老板身边往往会自然而然地形成人际关系网，超级老板本身几乎不需要正式的商业关系和做出太多系统的努力。这种关系网通常也会以不同形式持续数十年时间。

在更多情况下，超级老板构建的人际关系只能被形容为"别具一格"。乔治·卢卡斯创建了天行者音效公司（Skywalker Sound）、工业光魔公司等企业，然后任命或聘用优秀人才来管理这些公司。但他的员工也经常会离开，追求属于自己的事业。从卢卡斯的公司里走出的很多人创立了自己的企业，包括全球精益教育机构网络（EdNET）、数字领域特效公司（Digital Domain）、蒂皮特工作室（Tippett Studio）以及速尼软件公司（Sonic Solutions）等。这些公司经常聘请卢卡斯的老员工参与项目，与卢卡斯的其他分支公司进行合作，甚至有时也会吸纳从卢卡斯公司离职的员工来组建团队。

托米·弗里斯特有时候会向创业员工的公司注资或提供建议，还会从他们那里购买产品和服务。比如，弗里斯特为

其员工乔尔·戈登（Joel Gordon）创立的外科护理联合公司（Surgical Care Affiliates）提供资金。最终，弗里斯特的 HCA 拥有外科护理联合公司 17% 股权。这是一项不错的投资，因为在 1984～1996 年，该公司是股价增长比例最高的上市企业。"如果弗里斯特没有给我的公司提供强大的资金支持和对我个人的鼓励，"戈登说，"这一切都不可能发生。"田纳西州纳什维尔市现在已经是数百家医疗保健公司的总部，而弗里斯特和 HCA 对其中绝大多数机构有着强大的影响力或扮演着重要角色。

联盟——参与者的青云梯，缔造者的不老泉

从超级老板的行为方式可以看出，他们看待员工关系的方式与普通老板不同。在员工离开公司那一刻，大多数超级老板都不会为此感到生气、伤心或惊讶，而且他们也不认为自己和离职员工的关系已经结束。虽然恰特和阿尔伯蒂以一种不愉快的方式分道扬镳，但也有例外。甲骨文公司一位非常知名的高管表示："很多员工在离开甲骨文时跟上司的关系往往不会太好。公司里盛行一种观念——要么留下来，要么成为对手。一旦你离开公司，你就变成了坏人。"甲骨文的另一名员工约翰·卢安戈（John Luongo）曾在公司的发展过程中扮演着重要角色。据说，当他离开公司时，埃里森告诉他："约翰，无论你将来做

什么，我都真心希望你能取得成功，但如果你敢在背后搞小动作，我会让你没好日子过。"

大多数超级老板更像托米·弗里斯特。弗里斯特手下的一名员工说："托米总是乐于看到员工创业，并取得成功。他从不嫉妒下属，从不会说'好吧，如果你离开我，那我们就恩断义绝'。那可不是他对待员工的态度。"

我们知道，弗里斯特的立场是他的超级老板实战手册的自然产物。像他这样的超级老板所做的一切，都是为了给下属做好心理建设并给他们打气。有鉴于此，也许只有当巨大机遇出现时，优秀人才才会迫切地想要离开企业。如果离别不常发生，那才真的令人惊讶。值得赞扬的是，超级老板接受并欢迎员工为了更好的发展而离开的做法。他们充分理解优秀人才追逐梦想的需求，并把这种理解转化为行动。从本质上说，超级老板的这种行事方式还是教父式的。

还有些超级老板公开表示，他们希望自己的一些员工能够离开公司。杰伊·恰特鼓励他的员工跟随自己的内心，发挥自身最大潜能，即使这意味着要离开恰特戴伊广告公司。朱利安·罗伯逊告诉我："员工在公司工作一段时间之后有追求自己梦想的冲动，这是再正常不过的事情。我们让这些有梦想的年轻人离开，他们是带着自豪和对我们的感激离开的。这也许是这我做过的最成功的事。"迈克尔·迈尔斯赞同这个观点："你不能让优秀

的人失望。如果他们遇到了一个你无法提供的绝佳机遇，那你将无可避免地失去他们，但这就是你拥有杰出人才所要付出的代价。"

然而，即便是最善于培养员工的超级老板，也不是完全大公无私的。超级老板之所以扶持自己的员工，是因为他们把这当作满足自身利益的机会。比如，超级老板利用员工去开拓更广阔的生意版图。请看看朱利安·罗伯逊的"虎种"、洛恩·迈克尔斯的"超级制作人"以及弗里斯特对外科护理联合公司的投资。超级老板通常会直接投资下属的初创企业，因为他们比其他人都更了解自己的员工，这相当于拥有完全合法的内幕信息。对员工的了解让超级老板可以及时识别投资的最佳机会。

除了资金投入，超级老板的明星光环也让员工的企业大受裨益。因为这种光环简直就是他们企业的一种"注脚"。正如朱利安·罗伯逊的合作伙伴约翰·汤森德（John Townsend）说的那样："老虎基金是一个很有名气的品牌，你会享受它的光环带来的一切便利。但是你不能犯错，因为一旦犯错，就无法弥补。"

超级老板与离职员工进行持续互动，有助于其在应对特定挑战或项目时从门生关系网中获取重要信息和协助。在我采访过的已离职员工中，很多人简直就是守在自己的手机旁边，迫切地等待超级老板打来的求助电话。对冲基金经理史蒂夫·曼德尔（Steve Mandel）是朱利安·罗伯逊的门生，坐拥数十亿身家。每当他向罗伯逊推荐有潜力的人才时，罗伯逊都会重视他的意见。罗伯逊的另一位密友说："罗伯逊经常给别人打电话，从他们那里探听消息。这些人当中，有些是他的朋友，有些是以前的同事。"萨克斯手比尔·埃文斯回忆说："戴维斯的乐队有空缺时，他就会打电话给问自己认识的乐手想不想加入。"类似的请求为他物色到了出色的吉他手约翰·斯科菲尔德（John Scofield），后者的音乐作品频繁地出现在迈尔斯·戴维斯的唱片上。而在漫长的职业生涯中，斯科菲尔德也推出了几十张爵士乐专辑。

———SUPER BOSSES———

超级老板与离职员工进行持续互动，有助于其在应对特定挑战或项目时从门生关系网中获取重要信息和协助。

最近，克林顿夫妇充分利用他们的关系网，为希拉里竞选 2016 年美国总统造势。他们聘请约翰·波德斯塔（John Podesta）担任竞选活动主席。波德斯塔是比尔·克林顿的忠实助手，在比尔任美国总统时期担任白宫幕僚长一职。曾在 2008 年参与希拉里总统竞选活动的杰克·沙利文（Jake Sullivan）和罗比·穆克（Robby Mook），仍将在此次竞选中担任重要职位。

此次竞选活动的巡回新闻发言人则是比尔手下的资深新闻助理尼克·梅里尔（Nick Merrill），前白宫幕僚詹妮弗·帕尔米耶里（Jennifer Palmieri）将担任此次竞选活动的新闻联络官。这些人只是克林顿夫妇人才网络中的一部分。试想一下，与那些人才基础相对薄弱的竞选者相比，希拉里的优势该有多大？更不用说她的关系网在筹集竞选资金过程中发挥的重要作用了。

事实证明，人际关系网对超级老板以及请求超级老板帮助的员工之所以如此有用，不仅因为关系网的成员之间互相信任，还因为他们对某些问题的看法一致，有共同语言。曾在《每日秀》节目组担任驻外记者的喜剧演员怀亚特·塞纳克（Wyatt Cenac）回忆说，他与同行记者艾德·赫尔姆斯（Ed Helms）一见如故。"我们没有在节目中同时出现过，"他说，"但一见面就聊得热火朝天，我会问他，'嘿，在现场采访的时候，有没有采访对象甩手离去的？'他会马上回应，'有的！我知道你说的情况！但他们会在5分钟后回来。'"

或者，让我们假设你是超级老板的门生，你正在进行一个设计项目，急需外界援助。经过一系列的调查，你筛选出3家可能会为你提供帮助的企业。因为它们的行事方式和理念是你所认同的。而在调查过程中发现，每家企业都有一名高管曾经为你以前的老板工作过。当你给其中一位高管打电话，他会问你一些关键的问题，而还没等你翻开笔记解释自己需要什么时，他已为你接通总裁的电话。这好像就是和一个共事多年的人在交谈，他仿佛有着和你一样的 DNA，知道你下一步需要做什么。整个过程让人难忘。这就是超级老板的人际关系给成员带来的合作体验，它与平常的"供应商—客户关系"截然不同，难道你不这样认为吗？

人际关系网的存在还提高了超级老板的声望和影响力。超级老板培养出了众多人才，他们不仅能力出众，在行业里也有名气。这些人才彼此相关联，成为行业里重要人物，而超级老板自身的地位也随之提高。超级老板不仅被视为其所在行业的创新者，还是优秀的人才培养品牌，他们擅长培养该行业的下一代超级巨星。他们因自己所扮演的教父或教母角色而闻名于世。这使超级老板能够吸引更多人才，许多聪明且渴望前途的人蜂拥而至。这是一个能够产生多重效用的人际关系网。

这里有一个阐释多重效用的绝佳范例。茱莉亚·柴尔德（Julia Child）是美国饮食界具有传奇色彩的教母级人物。在过去几十年里，作为美国最著名的厨师，柴尔德对许多年轻厨师的事业影响颇深，包括那些与她只有一面之缘的厨师。柴尔德曾聘请沙拉·莫顿（Sara Moulton）协助自己制作电视节目《茱莉亚·柴尔德的朋友们》（*Julia Child & More Company*）。莫顿是美食频道的首批名人之一，曾在《美食家》杂志担任行政总厨。由于这段经历，莫顿将柴尔德称为"我的导师"，她在一篇文章中写

道："对我来说，柴尔德就是一位天使，她帮我找到工作，而且促使我更努力工作。"

詹姆斯·比尔德奖得主乔迪·亚当斯（Jody Adams）在20世纪80年代与柴尔德相识，那时他在一个柴尔德召集的募捐活动中当厨房杂工。柴尔德请著名厨师莉迪亚·夏尔（Lydia Shire）指导亚当斯的工作，开启了亚当斯的烹饪之路。随着时间的推移，柴尔德的门生成功在饮食界立足并形成网络。她被许多高级餐厅的经营者称为"人才管道"，许多刚崭露头角的厨师找到柴尔德，希望加入她的关系网。甚至连托马斯·凯勒（美国第一位拥有两家米其林三星餐厅的大厨）也在其职业生涯早期找到柴尔德，希望后者能帮他在法国找一份学徒工作。著名厨师雅克·贝潘（Jacques Pepin）是这样评价柴尔德的："她把帮助年轻厨师当成自己的职责。"

超级老板提高自身声誉和吸引人才的能力带来的利益不是间接的，而是巨大而直接的。罗杰·科尔曼的传记作者写道："科尔曼更希望他的学生在其他地方展现才华，因为他坚信，他们的荣耀会折射到自己身上。"这不仅与荣耀有关，还与一种持久的能力有关，即不断地以全新的观念、热忱培养人才，发展企业。卢克·范德维尔德评论说："我并不担心卡夫食品公司会失去顶尖人才，我们公司人才济济，简直可以征服全世界。"

耶鲁大学首席投资官大卫·斯文森（David Swensen）已经

培养出许多非营利性养老投资机构的顶尖人物，包括宾夕法尼亚大学的彼得·安蒙（Peter Ammon）、鲍登学院的葆拉·沃伦特（Paula Volent）、卫斯理大学的安妮·马丁（Anne Martin）、麻省理工大学的塞斯·亚历山大（Seth Alexander）、斯坦福大学的罗伯特·华莱士（Robert Wallace）、普林斯顿大学的安德鲁·戈尔登（Andrew Golden）、卡耐基公司的艾伦·舒曼（Ellen Shuman）、洛克菲勒基金会的唐娜·迪恩（Donna Dean）以及大都会艺术博物馆的劳伦·梅塞夫（Lauren Meserve）。

斯文森在业内有极高的声誉，他会使尽浑身解数将优秀人才招揽到自己的组织，让他们承担最重要的工作。普林斯顿大学投资公司的总裁安德鲁·戈尔登告诉我："斯文森公司的人事变动产生了一种自然活力，是一种很好的人才培养工具，它相当于一个告示牌，向潜在人才宣称，'加入我们吧，总有一天你会坐上斯文森的位置，或者和他平起平坐'。"

对我研究过的所有超级老板来说，发达的关系网有助于建立人才培养的良性循环。随着这个关系网不断扩大，每个成员都变得举足轻重，年轻才俊们更迫切地想投奔超级老板。克里斯·洛克对《周六夜现场》的评价适用于所有超级老板和他们的组织："《周六夜现场》给你打上了专业人士的烙印。迄今为止，无论别人是怎么描述我的，《周六夜现场》都已经确立了它在人们心中的形象。"

在我所研究过的每一个行业中，某人若能成为超级老板关系网中的一员，那无疑将推动他的事业走向成功。超级老板的员工将这种关系视为毕业证书，即接受过世界级人才培训的证明。规模庞大且令人印象深刻的门生关系网是超级老板被人们视为行业龙头的主要因素之一。对离职员工来说，超级老板的名字出在自己简历上将提高获得新工作的可能；而对超级老板来说，门生关系网是最接近青春源泉的事物。培训一位顶尖员工是一码事，培养整整一代优秀员工又是另一码事。后者会坚决维护某个特定人际关系网的利益，并向表现出足够的忠诚。一个欣欣向荣的关系网络自身拥有强劲的发展势头，而这种相互获益又一次次地增强了关系网的黏性。

打破"终身"误区，建立互惠联盟

对很多老员工而言，离开超级老板就像被超级老板选中担任某项工作一样难忘。但离开不可避免，管理者和领导者应该留意超级老板应对这种必然性的具体方法。第一条经验我们在第2章中已经探讨过了，即员工的离职并没有你想象中的那种破坏性。像超级老板那样，将其视为一个机遇吧！当骨干员工离开公司时，我们面临一个抉择：要么冷漠以待，要么支持他们的好想法。你会怎么选？对下一代领导者的发展负责是上一代领导者的首要任务，即使知道这些年轻人可能会在某个时刻另觅高就，但你永远不知道他们在某天会给你提供多大帮助。所以，如果你对离职员工表示愤怒，并与之断绝关系，你就会失去这个赢得唾手可得的利益的机会。

当员工离开公司时，千万不要忘记他们，更不要将他们视为叛徒。相反，你要学聪明点，表现得像一位关心子女的父母，并跟他们保持联系。你是否密切注意那些离开组织或转岗员工的动向？偶尔给他们写封电子邮件或打电话询问其近况，这并非什么难事。如果你觉得这样太直接，可以定期在社交网络上了解他们的近况，当他们觉得有必要把自己的近况告诉你时，你就知道你正在成为超级老板。

当你急需人才，或者在某个项目上遇到挑战时，千万不要匆忙地求助于你不熟悉的人或组织。先停下来，思考一下你以前的员工可以提供什么样的资源。你要尽己所能，在已离职员工对你仍有感情的时候维系好情感纽带，主动引导他们加入你的关系网。

当你接受了员工可能会离职的事实时，你要通过合适的接班人计划来弥补人才流动所带来的损失。大型跨国企业通常考虑顶级管理人才的接班计划，但超级老板思维方式要求管理者无论处于组织的什么级别，都要考虑接班问题。在我任教的达特茅斯大学，一名非常有才华的本科生组建了一个独特且深受

大家喜爱的唱诗班，成员是学生和社区居民。当我问他："到你毕业的时候，这个唱诗班怎么办？你现在已经在培养接班人了吗？"他说自己没考虑过这个问题。许多管理者也和他一样。而你现在就要开始考虑接班人问题，尤其是在我们假定很多优秀员工都会离开之后。

仔细想想，这就意味着管理者应该抱着"员工最终会离开企业"这一想法去评估在职员工。绝大多数大企业都有标准化的人才评估手段和处理方式：对于关键绩效指标得分较低的员工，企业会对其进行辅导或解聘；而对于那些得分较高的员工，企业通常会给予他们更高、更好的职位。当这种做法有效时，我们要意识到，一些高绩效员工最终还是会离开企业。因此，我们可能要在常用的三个绩效等级（差、良、优）上再添加第四个等级：离开。这并不是说我们希望看到优秀员工离开企业，事实上他们当中很多人都会留下来，但我们要改善自己与已离职的高绩效员工的关系。要做到这点，可采用的方式之一就是和他们进行坦诚的对话，探讨他们的巨大潜能和发挥这种潜能的最佳途径。

近来，一些勇于创新的管理人员一直在采用超级老板的方式建立人际关系网。2009 年，奈飞公司（Netflix）CEO 里德·哈斯廷斯（Reed Hastings）公布了其企业文化的内涵，其中一项就是承认网飞不一定是员工要终身效力的公司，他说："我们应该赞赏那些为了更好的工作机会而离开公司的人，因为我们给不了他们合适的岗位。"领英公司（LinkedIn）CEO 雷德·霍夫曼（Reid Hoffman）在其 2014 年出版的著作《联盟》（*The Alliance*）中提出：终身雇佣模式很难再适应瞬息万变的网络时代，而且这种模式实质上在全球各地都出现了不同程度的混乱。因为传统的终身雇佣模式与新时代员工的工作诉求是不匹配的。新时代的员工想要在工作中寻求个人成长和人生意义，如果一份工作无法满足这一诉求，他们会毫不犹豫地跳槽。

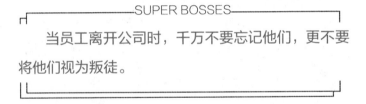

SUPER BOSSES

当员工离开公司时，千万不要忘记他们，更不要将他们视为叛徒。

难道真的有人认为新时代员工会为了获得一块金表而在同一家企业工作 25 年或 30 年吗？我们知道这样说有点牵强，但事实是我们仍然在用旧思维管理组织，期待员工会一直留在公司。既然我们知道现在的年轻人比以往任何一代人都更注重自由选择权，那我们何不采用一种能够真正留住员工的制度呢？

作为一种替代方案，霍夫曼提倡企业与员工形成"联盟"，并以灵活的"服务期"思考员工就业问题，即员工可能会长期在同一家企业工作，也可能不会。霍夫曼还强调了建立已离职

员工关系网的重要性。该网络可以形成一种现成的客户资源，因为员工在服务期结束后，他们对企业的优点一清二楚。霍夫曼称，这个群体有很多潜能仍有待开发。目前在领英网上有11.8万个老同事群，但大多数群并没有正式与它们的企业建立联系。而根据调查显示，大多数企业没有在已离职员工关系网上进行投入。

在人们还没有听说过正式的老同事关系网或领英之前，超级老板已经在自己身边建立最强大的关系网了。他们已经证明：一种强调职业发展以及跟某个企业或老板产生终身联系（但不一定是雇佣关系）的关系模型不仅是有可能实现的，而且对企业和员工都是非常有益的。如果你是一位老板，想到有数十位甚至数百位顶尖人才在等着你的召唤，还有大批才华出众的人才找上门来，那会是一件多么美妙的事情。如果你是一名员工，请想象一下，你会在整个职业生涯中成为一个庞大又团结的兄弟/姐妹团的一部分，而且还有一个老板在培养和认可这个团队，这又是一件多么幸运的事。

诸如爱丽丝·沃特斯、洛恩·迈克尔斯、奥普拉·温弗瑞、托米·弗里斯特以及拉尔夫·劳伦等超级老板都知道，创造并拥有一个令人满意且漫长的职业生涯以及维持一家可持续发展的、永远年轻的企业并不是特别困难。这需要违背常规，你要舍得让人才离开企业，与他们保持联系，并且要帮助他们解决困难。当你在思考自己的企业、部门或团队时，不要只是力求建立一个成功的组织，你的目标要比这更高。你要精心编织一个规模庞大、能力强大，可以让你通向成功的人际关系网。

当你遇到人才时，你有两个选择选择：聘用和培养那些终究会遇到发展瓶颈的人才，并让他们永远留在企业中；培养新一代想超越你的人才，并帮助他们超越你。很多业绩优异的员工不会满足于屈居人下，除非你能够不断地为他创造新机遇，保持其需要的成长速度，否则你终将会失去他们。不止一位CEO 告诉过我："这简直是胡说八道。"他们很疑惑："为什么我们要打算失去最优秀的人才？"他们不明白的是，不管怎么样，他们的顶尖员工始终会离开企业。优秀人才会不断寻找更多机会、更多挑战和更大的成就感。唯一的问题在于他们是否能充分利用优秀人才创建关系网，并利用这一关系网招募到新人才、新的合作和投资机会，为自己创造持续的回报。随着新时代员工的事业快速发展，这一关系网的重要性会更真实地凸显出来。

换个角度看待这个问题吧：你是想聘请一干就是几十年的平庸员工，还是全世界最优秀的人才？优秀员工会明确表示只为你工作一段时间，而他们之所以加入企业，是因为了解你作为"人才磁铁"的良好纪录。在他们离开企业之后，仍然会留在你的人际关系网中，成为你和你个人品牌的代言人。到底要选哪一种员工，答案应该已经在你心里了。

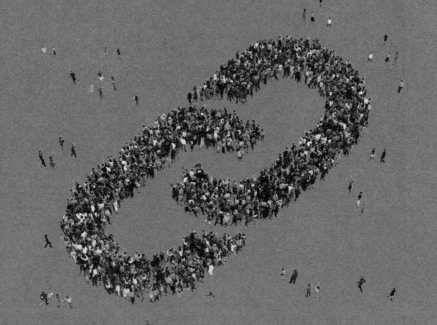

第9章
实战篇：管理者如何晋身"超级"

SUPER
BOSSES

HOW EXCEPTIONAL LEADERS
MASTER THE FLOW OF TALENT

找到你的超级老板

如果你是高层管理者，也许你已经是一个超级老板，那么寻找并挖掘具有超级老板属性的"超级下属"将让你拥有更强大的人才联盟。如果你是普通员工，找到自己的超级老板将让你的职业生涯不同凡响。

　　观察超级老板不在场时的状况，是理解超级老板对员工和组织发挥巨大影响的一种方式。2014 年，我的女儿艾丽卡刚从大学毕业，在纽约市一家中等规模的咨询公司上班。她很幸运，她的第一个老板是个好老板，直观地展现出本书中很多超级老板的特质。她花时间去了解艾丽卡，给机会让艾丽卡了解企业各方面的情况，并给她分配具有挑战性的工作。她还不辞辛苦地为艾丽卡创造与客户和公司高层接触的机会。她秉持的这种开放态度，让艾丽卡在遇到难题时可以随时去请教她。在这种情况下，当艾丽卡主动接受一项任务并超标准完成时，这位老板就会由衷地满意。这也给艾丽卡带来一种满足感，让她有动力做更多事情。

　　在老板的领导下，艾丽卡在短时间内学到了很多知识，她

希望在未来的岁月里继续跟随老板工作。可事与愿违，艾丽卡在这家企业工作大约 1 年之后，她的老板为了寻求更大的发展机会便离职了。公司聘请了一位名叫翠茜（Tracy）的新老板。翠茜跟艾丽卡的前任老板很不一样，她是一名非常差劲、甚至是无能的管理者。

她似乎从一开始就不信任艾丽卡，没有给艾丽卡提供任何展示个人主动性的机会。每当事情出了差错，她就会把责任归咎于艾丽卡。翠茜坚持要求艾丽卡每天早上给她写一封详细的邮件，报告每一小时的计划，但几乎从不辅导或帮助艾丽卡解决问题。她对艾丽卡的工作干涉太多，没有在管理方式上表现出任何灵活性。当艾丽卡请求向翠茜汇报自己的工作进度时，翠茜会说："没问题，当然可以，我们来谈一下吧。"但就再也没有下文了。几个星期过去了，除了每天早晨的邮件和严苛的命令，翠茜和艾丽卡之间没有任何互动。

很快，艾丽卡开始讨厌这份工作。起初，她找不到其中的原因。随着时间的推移，她意识到自己不喜欢这种企业文化。最关键的是，她不喜欢翠茜这个人。即使她每天工作 12 个小时，翠茜的言行也可能让她的努力毫无意义。她似乎学不到什么东西，也没有任何个人奋斗目标。她开始觉得自己不受赏识。与其他快乐且生气勃勃的 90 后一样，艾丽卡不打算把青春浪费在一份毫无意义的工作上，于是她开始寻找新工作，并在一家咨询公司找到了心仪的岗位。当对方向她发出工作邀请时，她毫不犹疑地向翠茜提出了辞职，头也不回地离开了。

看着艾丽卡的经历，我不禁将它与我对超级老板的研究联系起来。一个超级老板式管理者与一个相当无能的传统老板之间存在鲜明的差别，她们对艾丽卡和组织产生的影响也截然不同。超级老板式的上司激励艾丽卡学习成长，使她充满干劲；而翠茜使这一切努力付诸东流，熄灭了艾丽卡的工作热情。

艾丽卡前任老板的离开，使这家企业经历了由于员工成长和进步而产生的人员流动，我们或许说这种人员流动是正常的；可当艾丽卡离开公司时，这种人员流动就不正常了。因为艾丽卡受到了不必要的挫折，公司失去了一名大有前途的年轻员工。我已经谈论过人员流动的积极面，而且超级老板也愿意接受这种人员流动，但艾丽卡的经历强化了这样一个概念：超级老板式的管理者非常善于帮助组织留住更多优秀人才。如果一个组织的管理者全是像艾丽卡前任老板那样的人，那么这个组织将会人才济济，并拥有一个能吸引更多人才的好名声；而如果一个组织充斥着类似于翠茜那样的管理者，这个组织将会经常与优秀人才擦肩而过。

艾丽卡的经历使我深刻地认识到：我们亟须让更多管理者向超级老板学习，并且让更多高级管理者发现他们所在组织的超级老板，鼓励他们找到推广超级老板做法的方式。尽管如今

很多组织夸耀自己的管理者才华横溢、具有献身精神，但绝大多数的管理者都不是超级老板式的人物。像艾丽卡这种大有前途的员工，想找到一位超级老板式的上司，或找到一个有多位超级老板的组织并为之效力，可能是一件相当困难的事情。

如果你所在企业、部门或科室从上到下都是将超级老板实战手册活学活用的管理者，那将会是怎样一幅景象？我们可以大胆地想象：这样的组织将会更具有创新性、灵活性，还有明显的竞争优势；组织里的每名员工都很高兴，工作也很高效，进步也快，而且在离开组织多年以后会表现出更高忠诚度。实践超级老板的做法并不总是那么容易，但如果我们主动传播并实践这些做法，就可以给工作赋予不可思议的意义和活力。每个人都有成为超级老板的潜力，而每个组织都有潜力从上至下拥有这些非凡的、善于培养人才的管理者。

评估你的"超级指数"

假设你是一名想成为超级老板的中层管理者。在员工眼里，你已经是一位好上司了，而你还是不断地在工作中实践"最佳做法"。你想变得更加优秀，如何才能做到这一点呢？首先，你要研究并学习本书所介绍的超级老板实战手册。你要挑战自我，把它融入到你现有的管理实践中，但你千万不要认为自己必须一次性做完所有事情，你可以挑选两三个方法尝试一下。或许你可以试行"超级老板日"——在这一天里，你 24 小时都实践这本实战手册的每一个战术；又或者你可以召开一场"超级老板会议"或举行一次"超级老板商务旅行"，在开会或旅行期间，你的言谈举止要表现得像超级老板一样。请认真体验，看看哪种方法适合你，还要看看你身边的人是否注意到你的变化。我敢肯定，他们会注意到的。

在开始尝试的时候，你最好稍作停顿，坦诚地反思自己现在是什么样的人，以及你是否是一位合格的管理者。虽然我想到用"超级老板指数"这种名词来衡量你是否是一名超级老板，但事实上我们还没有绝对精确的标准。如此一来，我们也无法衡量你是"离经叛道型""了不起的混蛋型"或"人生导师型"的超级老板。但是，你可以问某些管理者几个经过精心挑选的问题，密切关注听到的答案，甚至可以计算出一个数值，以评估自己对超级老板做法的喜爱程度。还可以把你和其他超级老板做个对比。

以下是我使用过的 10 个模拟问题，它们对应着超级老板实战手册的主要元素。请随意调整问题用语，让它适应你自己的风格，但你要尽力抓住问题的关键点。这些问题不仅仅是为有经验的管理者准备的，也同样适用于那些缺乏管理经验的年轻管理者：

1. 你是否有一个能让你充满干劲，同时你又能用来激励自己团队的具体工作目标？

2. 员工离开你的团队接受其他工作机会的频率高吗？当这种情况发生时，具体情形是怎样的？

3. 你是否激励员工只实现团队目标，或者还存在着员工有时候想努力实现的其他目标？

4. 你打算如何质疑自己对企业的设想？你如何让自己的团队质疑他们自己的设想？

5. 你如何平衡给团队成员授权的需求与亲自辅导他们的需求？你平常会花多少时间辅导员工？

6. 在提拔员工的时候，你是否会让他们承担具有挑战性的，但可能会失败的工作？如果是，你如何控制潜在风险？如果他们真的失败了，会有什么后果？

7. 你的团队成员彼此间的感情有多深？员工们是否愿意在工作之外花时间社交？团队是如何平衡竞争与合作关系的？

8. 你是否与已离职的员工继续保持联系？

9. 你有没有前下属在本公司或其他公司取得引人注目的成绩？有多少人？你能举例具体说明他们的成就吗？

10. 你的团队文化是怎么样的？你会投入多少精

力培养和发展员工？又会投入多少精力帮助他们完成
工作？

在你初步想好这些问题的答案之后，请仔细评估自己的答案在多大程度上带有超级老板的风格。用 3 分制给每个答案打分：1 分代表"差"，2 分代表"良"，3 分代表"优"。在确定自己的得分前，你还要考虑与每个问题相关但不是由问题本身直接引起的其他因素。

你是否想起一名昔日的下属在别的企业取得了巨大成就？谈到工作目标，你是否仅仅引用组织的整体目标？你如何回答授权与辅导员工的问题？这个问题的答案是非此即彼式的，还是双管齐下的？你要尽量坦诚深入地思考这些问题，把得分相加。要得到一个精确的评估结果很难，但 25 分及以上的得分与 10 分还是有很大区别的。因为前者可以被认定为超级老板，而后者则与超级老板背道而驰。

我敢肯定，很多人在看到这段文字时会说："那么，要不要问问其他人的观点呢？"这或许需要一点勇气，但它与许多管理者正在做的其他 360 度反馈没什么区别。超级老板喜欢反馈。当你在评估自己和组织其他管理者的"超级老板指数"时，你可以以身作则，征求多方面的意见。对于那些知道自己只有通过建立卓越团队才能立于不败之地的高级领导者而言，"超级老

板指数"尤为重要。人力资源专家也应该对员工的"超级老板指数"进行定期监测，以追踪和定位组织中的人才。

在自我评估的过程中，"超级老板指数"能帮助你反思员工为超级老板工作时受到的基本影响。员工们被要求异常勤奋地工作，帮助超级老板创造佳绩，并成为其门生关系网的一分子。作为回报，超级老板含蓄地承诺给予员工"通往王国的钥匙"，这把钥匙带着宝贵的技能、重要的社会关系以及信誉资本，它能够打开通向更大契机的大门。超级老板还承诺给予员工一个改变的机会，让其成为一份更宏大、更有意义的事业的一部分。你真的给自己员工提供了这种机遇吗？也许你要求员工拿出绝佳表现，可你是否给予了员工足够的回报？

千万不要认为你无法成为超级老板。没错，我们的职场生活受关键绩效指标的支配，但如果花点时间研究超级老板实战手册，业绩也会得到提升。虽然本书所呈现的超级老板都是非凡之人，仿佛具有天生神力，但我们可以努力向他们的靠近。

这本实战手册由很多部分组成，你没必要一下子学完所有内容。我们的组织文化常常看上去就像是培养消极情绪的温床，可你仍能对你的团队产生积极影响，带来举足轻重的变化。

把借口放在一边，集中精力梳理出那些既符合你个人风格、又最适合你所在组织的超级老板式做法。接下来，我要提供一些思路和行动项目，让你开始将超级老板实战手册的要领付诸实践。请挑选出这本书中你最喜欢的那部分内容，然后开始尝试。也许就跟人生中很多事情一样，万事开头难，但良好的开端是成功的一半。以下是我的几点建议：

◆ 围绕这本实战手册制订一份员工培训与发展计划。如果你无法亲自做这件事（也就是说，你职位不够高，或者这份计划太复杂，又或者它太费时间），那就与人力资源部门的关键人物谈谈，把你一直以来在做的事情展现给同事和其他有好奇心的同僚。

◆ 当这本实战手册为组织带来胜利时，庆祝吧！

◆ 追踪你自己的"家谱"，把已离职员工和他们的去向罗列出来。如果他们当中的某些人变成了超级老板，那就尝试追踪他们培养出来的一些明星员工。把"家谱"挂在墙上，让所有人都看得见；而且要经常更新。

◆ 当你对这本超级老板实战手册有了属于自己的理解时，你要与你的同事和老板分享。你要向他们解释你这样做的原因，以及他们会有何收获。

◆ 尝试写一篇简短的"案例分析"，描述一个你运用这本实战手册某部分内容的场景。将这篇案例文章分享给你的同事和团队成员。

◆ 每天留出 10 分钟时间，反思你是否真的表现得像
一名超级老板，以及你是否能做一些能充实这本实
战手册，但实际上仍然还没有做的事情。

◆ 当你将这本书应用于你的团队时，你要教会团队成
员如何将它应用于更广泛的领域。

◆ 更概括地说，给自己时间做一名超级老板。每一周，
你都要确保自己已经采用了一两种超级老板的思
维。如果你不致力于成为一名超级老板，那你就无
法成为真正的超级老板。

最重要的是，你要开始每天都像超级老板那样思考。其实
只要在思维方式上做出简单改变，就可以取得大成就，而改变
往往体现在细微之处。比如在我研究超级老板的过程中，居然
发现自己变得更有创造性。

如今，我总在思考解决问题的新方式：在开会时，我总在
要求员工提出自己最疯狂的想法，而这在以前是不曾有过的。
现在，我经常问管理层同事，他们是否正在为团队培养能接替
自己工作的新人。当他们要接受新挑战的时候，这些新人能否
发挥重要的作用。

在本书的写作过程中，我的助手们协助我进行调研，我会
花时间确保他们了解我写这本书的目的，并让他们觉得自己在

实现这个目标的过程中发挥了重要作用。我还发现自己已经意识到激励他人的重要性。MBA 第一学年关于战略和领导力的课程是极为严格的，我在给学生讲授这些课程时，不是麻木地完成工作。我会告诉他们，他们都是天之骄子，完全有担任领导的资格，而且还会成为如超级老板那般伟大的领导者，培养出具有世界级表现的员工。

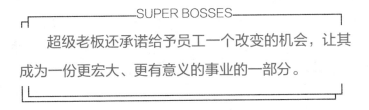

SUPER BOSSES

超级老板还承诺给予员工一个改变的机会，让其成为一份更宏大、更有意义的事业的一部分。

老师激励学生，这似乎是天经地义的事情，但我以前从未这样做过。没错，我对学生总是有着很高的期望，但我从来不像超级老板那样用明确的激励方式表达我的期望。由于我接触到了很多超级老板，现在我促进他人发展的能力也有所提升。

敞开你的心扉，不要畏惧，积极地吸收超级老板的智慧。不久之后，你会看到自己身上的新变化：以前你通常会将一项小任务委派给一名团队成员让他独自操作，但现在你在一步步地接近他，及时给他提供帮助；你正密切关注一些新机会，而你手下最优秀的员工可能也在利用这些机会；你私下里会花更多时间去了解员工，或者培养员工间的同事情谊；你正在接受

新的思维模式，并在体验着新思想；你发现自己已经能够更清晰地阐述企业的宏大愿景；如果员工的绝佳创意未能产生好的效果，你也变得更加包容。无论是哪种变化，都能产生明显的效果，改变员工对你、对他们自己以及工作的看法。虽然你已经有了改变，取得了小小的成果，但离最终被贴上超级老板的标签还有很长一段距离。因为成为超级老板不是短跑，而是一场马拉松。

寻找团队中的"超级下属"

假如你是组织的高级领导者，希望整个组织多几个超级老板式的人物，你会怎么做？首先，你需要找出并确定你的组织里已经在实践超级老板实战手册的管理者。这样一来，你就能够开始从这些超级老板式的管理者身上学习，并有理由奖励、赞美他们。

为了掌握目前组织中超级老板的数量，你可能要再次使用超级老板调查问卷。如果你带领着一个大型组织，你可以让人力资源部对管理者们进行采访。我之前已经提供过一些问题，但也许你想问的问题超出这个范围。毕竟，如果你在"狩猎"超级老板，你的包里就得装有合适的"弹药"。以下是你可以应用的其他问题：

1. 你是否问过团队成员你们存在的意义是什么？你所有的团队成员可以马上与他人分享这个问题的答案吗？

2. 在你的团队里，是否有人遵循传统的工作方式？或者，你是否觉得自己喜欢单一的做事方式？

3. 你的团队成员是否每天早上都精力充沛地来上班？你是怎么知道的？

4. 你是否对每一名下属在本月参与的项目有着深入了解？你是否在考虑如何才能高效地向团队成员授权，并同时积极地辅导他们？

5. 你一天会花多少时间参加正式会议或独自办公？这跟你与团队成员肩并肩工作的时间相比，哪个时间更长？

6. 你的员工转岗或离职的频率有多高？他们带着"好的"理由还是"坏的"理由离开团队？

7. 当员工离开时，你是否会生气或感觉受伤？

8. 潜在员工向你寻求工作机会的频率高吗？

9. 你会以"你们必定成就大事"来激励员工吗？

10. 你是否正在铲除官僚主义作风和等级制度？

11. 你是否主动地向员工传授做事方式，而不是只告诉他们做什么事情？

12. 你是否全力以赴地帮助已离职员工继续他们的职业生涯？你是充分利用自己人际关系网的优势？还是让它成为一个无足轻重的事物？

你也可以扩充一下这些问题，然后给管理者的答案打分，看看他们做得怎么样。这能指出他们的薄弱环节，以便制订缩小差距的方案。6 个月、1 年或 2 年之后，你再回过头来审视这一测试，看看他们的某些领域是否依然优于或不及其他人，"超级老板指数"是否有所提高。如果你能对许多不同的管理者进行这样的评估，那就再好不过了。这样可以对他们的"超级老板指数"进行对比：相对于其他部门，某些部门的整体表现如何？如果一名管理者或一个部门的得分很低，原因在哪里？你应该采取什么对策？你最好查明你手下管理者的"超级老板指数"，而不是盲目地认为每个人都是潜在的超级老板。

当你在评估组织中管理者的"超级老板指数"时，千万不要假设只有男性可以成为超级老板。随着更多女性在组织中获得实权，女性超级老板的数量正呈持续上升之势。你可以在很多领域发现重要的女性超级老板，例如在政治领域，前得克萨斯州州长安妮·理查兹就是一位足以跟希拉里·克林顿相媲美的教母式人物，Facebook 的首席运营官谢莉尔·桑德博格（Sheryl Sandberg）已经为谷歌和 Facebook 培养出许多顶尖高管。甚至连 Lady Gaga 也说她渴望 "成为流行音乐的教母"，培养新乐队，提携新人，看着他们成长。

即使你评估的管理者看似在使用这本实战手册的某些内容，也一定要向基层的员工问一些问题：组织里的哪些人因快速提拔人才而享有美誉？有这样的人吗？作为高级管理者，你有没有注意到，某个团队管理者的职位一旦空缺，就会马上找到合适人员，而有的管理岗位似乎永远找不到合适的人。

作为一名领导者，你一定要专注地在企业更广泛的生态系统中寻找机会，在私下里与级别较低的管理者进行对话。如果你花时间进行详细调查，很可能发现那种明显具备超级老板素质的管理者。在加入一个家公司，带领一个新团队时，你就要开始调研。哪怕你的某个下属从一开始就逐渐表现出强烈的超级老板倾向，但你也会发现，他们还有机会做得更好，或者把他们的做法广泛传播。如果一个组织缺乏超级老板的实践经验，那么这个组织及其员工在每一个工作环节都无法发挥他们的全部潜能。

建立拥有 "超级文化" 的联盟

在对超级老板进行评估之后，你还要做一系列的事情，才能将他们的影响力蔓延到整个组织，从而鼓励更多管理者接受

他们的做法。想要达到这一目的，其中一个方法就是以某一职能单位、区域或产品部门做实验，把整本实战手册教给它们的管理者；或者，你可以从这本实战手册的某一部分开始，然后将成功经验在整个组织中推广。如果你选择后者，要选择实战手册哪一部分就成了关键。对许多组织来说，最简单或最直接的方式似乎就是首先专注于改变自己物色和聘用人才的方式。然而，你可能想另辟蹊径，先让管理者们制订愿景。你要问他们："我们企业或组织存在的意义是什么？"这个问题的答案看似明显，但很多管理者就是不愿意正视这一问题。

让管理者激励员工也同样重要。组织花费了如此大的时间和精力聘请优秀人才，而团队管理者是否在激励这些人才？请花时间认真思考并研究这个问题，这是将超级老板的魔力引入组织的最有效方法。你的目标就是激励员工在学以致用的同时继续学习这本实战手册的剩余内容。例如，当你已经制订了一个清晰且令人信服的愿景时，聘请和激励人才就容易得多了。

无论你最终选择哪种方式，你都要把你身边的超级老板当做榜样。你要发现他们并推广他们的做法，就像我在这本书中对超级老板所做的事情那样。在企业的公开场合，你要表扬超级老板式的管理者所取得的成就。你应该为他们提供一个内部沟通的平台，例如网络研讨会、杂志专栏、内部交流会等，以便其他管理者能够理解他们所做的事情。你还要给予他们广泛的自由度，让他们去影响他人；你要记住，影响力是任何级别的超级老板都最看重的事情。

此外，你可能想建立一些融入了超级老板做法的流程、结构或文化准则，使组织更适于超级老板生存。在 PayPal①创立初期，人们就知道它是一个善于培养人才的企业。我在研究这家公司成功秘诀的过程中发现，公司以各种正式或非正式的方式消除了等级制度和繁文缛节。PayPal 鼓励每一名员工质疑管理层，公司的工程副总裁杰里米·斯托普尔曼（Jeremy Stoppelman）回忆说："刚加入公司时我还是个狂妄小子，当时我发了一封电子邮件狠狠地批评了整个高级管理层，但我并没有被炒鱿鱼，反而受到了表扬。"PayPal 前首席运营官大卫·萨克斯（David Sacks）以一种简单直接的方式来"杜绝文山会海"——在员工开会时，他会在会议室里待上几分钟，看看大家讨论的事情是否有意义，如果没有意义，他会马上结束讨论。

顶尖咨询企业麦肯锡对离职员工的态度，说明了一个组织如何将超级老板实战手册关于创建离职员工关系网那部分内容系统化。对于即将离职的员工，在他们寻找新工作期间，麦肯锡仍然给他们发放最多 3 个月的全额工资，而且只让他们承担

---

① PayPal，是美国 eBay 公司的全资子公司。它是一个总部在美国加利福尼亚州的互联网服务商，帮助使用电子邮件来标志身份的用户之间转移资金，避免了传统的邮寄支票或者汇款的方法。——译者注

很少的工作量。在这个过程中麦肯锡最大限度地为离职员工提供帮助。公司的合伙人和其他同事会把即将离职的员工与自己关系网中有用的联系人连接起来。

"在你说出要离开公司那一刻,你所获得的那份爱和友情是难以置信的,"麦肯锡的一位老员工告诉我,"当我说我要离开公司时,打电话给我的人比我成为公司合伙人时祝贺我的人还要多。"从麦肯锡离职的员工还能享受来自麦肯锡现有团队的支持,并且可以使用公司专门用于已离职员工管理的沟通资源。"这套管理体系由一个庞大的结构组成,确保离职员工有着最好的职业发展前景。任何一个离开公司的员工都能够在未来给公司带来业务机会。"一名麦肯锡的前雇员解释道。

你可以更进一步,把超级老板实战手册融入领导力模型、能力素质模型或已经在使用的组织框架当中。你要开始衡量某些管理者有多少下属在公司内外被提拔到更高的职位,还要确保你设置的关键绩效指标对于超级老板实战手册的实施能起到促进而不是阻碍作用。如果你一味地以关键绩效指标来衡量员工的发展,那将使你在不经意间赶走现有和未来的超级老板。最重要的是,如果你不制订能够衡量超级老板的指标,你就很难在企业文化中充分地实践这本手册。

制度和结构的调整不能替代一群超级老板式管理者所产生的作用。因此,你一定要专注于在下属中培养超级老板,同时还要记得采取措施阻止他们做出一些明显不是超级老板应有的行为举止。许多企业会容忍那些高效的管理者在员工头上作威作福。这些企业没有预料到的是，与这种自负的管理者互动之后的优秀员工会离开组织，从而给组织带来间接损害。事实上，当所谓的高绩效员工获得提拔时，就会形成一片人才真空区，传统管理者的原有团队就会遭遇挫折，业绩急转直下。每当高绩效员工晋升时，其原团队的业绩滑落是必然的。

概括性地说，蹩脚的管理者会毁掉一个组织的人才品牌，使其难以吸引最优秀的人才，并且使组织无法充分利用员工潜能。领导者需要极大的勇气才能劝退那些完成业绩目标的蹩脚管理者，但从长远来看，这么做总会有回报的。企业可以从现在开始更好地培养下一代成功的领导者，而且这种成功不再仅是建立在抢尽风头的某一个超级巨星身上。

每当你赞美超级老板并推广他们做法的时候，你要确保自己的期望值是符合现实的。实施超级老板实战手册需要时间，而且任何改变都必须真实。你不能要求一位管理者只接受他自己团队、部门或分公司的愿景。他要真正信奉这个愿景，并且愿意让他的团队围绕这一愿景工作。你还要给予管理者所需的资源，以帮助他们吸引最优秀、最具创造性的人才。在这些人才加入企业之后，你要给予管理者足够的自由度去管理他们。除此之外，你还要在组织内部给员工留下成长空间。除非整个

组织能够吸收不断进步的人才，否则你的团队很快就会失去他们，所以要给自己的员工创造快速成长通道。员工成长可以解决很多问题。由超级老板驱动的人才机器还会促进一流的成长，成就组织和个人的双赢——超级老板发掘和培养优秀人才，而优秀人才创造出无往不利，甚至占行业支配地位的企业。

在宣扬超级老板和他们的实战手册时，千万不要忽略一线员工。由于他们当中很多人曾为传统管理者工作过，所以当越来越多超级老板及其做法渗透到各个组织时，这些员工要有一个适应的过程。在超级老板的带领下，他们要怎样做才能取得成功呢？以下是我要传授给他们的基本知识：

◆ 留意并深刻领会你的超级老板所做的小事情，他的经验智慧唾手可得。

◆ 把超级老板要求你做的事情当做是你工作职责的一部分，多做一点。

◆ 绝不打无准备之仗。一旦超级老板对你失去信心，他就再也不会信任你，而他的身边还有一大群人才在等待出头的机会，渴望着把你取而代之。

◆ 主动一些，大胆一些。超级老板期待着你直接向他提出新想法，他们还期望你在必要时不拘一格地完成工作。显然，你不能做违反法律或道德的事情，但你尽可采用独创的方法解决问题。

◆ 当你的想法不被采纳时，要敢于反驳。如果说你坚信"完美就是足够好"，那你就得捍卫它。

◆ 当机会出现在你面前，一定要抓住它。超级老板习惯于冒险，他们会倾心于那些同样喜欢冒险的人。

◆ 从主人翁的角度去看待企业，这是脱颖而出的最佳方式，因为这正是超级老板思考问题的角度。

◆ 学会察言观色。我们都知道，超级老板都有他们自己的沟通方式，比如帕努拉的咕哝声和埃里森的长篇大论。你的超级老板不一定会像其他超级老板，你要去了解他、接触他。

与普通人相比，有过从军经验的员工也许会发现上述步骤更容易实践。在给研究生授课过程中，我发现退伍军人总是能跟得上超级老板的思路。这很合理，因为超级老板实战手册中的很多内容都借鉴了军事管理方法。

与超级老板的门生一样，军事人员也在高压环境下极其努力地工作。他们与同事产生了深厚的情谊，但不一定与他们所效力的每一名指挥官保持密切关系；他们年纪轻轻就肩负重任，有的人甚至在还没到 25 岁的时候就指挥着几十支作战部队。进入类似美国海豹突击队这种精英部队的士兵要求必须具备适应

能力、开放式思维以及创造性，而这些都是超级老板具有的品质。

你可以要求一些曾在军队服役的员工思考一个问题：他们是如何将在军队的一些做法用于为超级老板服务的。这并不是说他们是唯一能够取得成功或唯一能够领会超级老板实战手册的人。我在上面列出的步骤会给予任何一名团队成员一个良好的开端，能够加速他们的事业进程并帮助整个组织更好地运作。

我还要给员工们一句忠告：你们应该关注如何快速提升自己，以及从超级老板那里能获得多少关注度。传统管理者会在你表现不佳的时候给你正式反馈或解雇你，而超级老板会随时随地给你提供反馈信息。可如果你没有理解超级老板的反馈信息，那问题就大了。我们常说"没有消息就是好消息"，但在这种情况下，没有消息就坏消息了。

独辟蹊径，无惧特立独行

1984 年，一名年轻的戏剧演员来到了芝加哥。他专修哲学，刚在弗吉尼亚州读完大学，然后又继续到芝加哥的西北大学深造，因为他觉得这对他的职业生涯有利。由于急需用钱，他开始在第二城市剧团（Second City）的售票处工作，该剧团是美国声望最高的喜剧剧团。他报名参加了剧团为员工免费开设的喜剧学习班，并最终通过面试，加入了剧团的巡演公司。在随剧团进行了两年巡演后，他获得了到剧团的主舞台（位于芝加哥）工作的机会。

几年后，这位年轻的喜剧演员从芝加哥来到了纽约市。他要在纽约与第二城市剧团的老员工在若干项目上进行合作。接下来，一大堆活儿在等着他，包括担任《周六夜现场》的自由撰稿人；给昙花一现的喜剧小品《达纳·卡维秀》（*Dana Carvey Show*）系列中的一个卡通角色配音，还要担任剧本顾问；为《早安美国》（*Good Morning America*）节目拍摄一些搞笑的片段。而此时，他在经济上或事业上还没有取得太大成就。

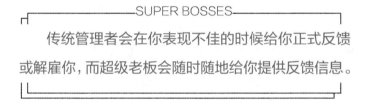

──────SUPER BOSSES──────
传统管理者会在你表现不佳的时候给你正式反馈或解雇你，而超级老板会随时随地给你提供反馈信息。

考虑到纽约市的生活成本，如果这名喜剧演员放弃他的梦想，离开纽约，去找一份"真正的"工作，那也是可以理解的。然而，他并没有离开这座城市，同时也找到了一份真正意义上的工作——在《每日秀》担任早间记者，并且一直干到 2005 年。之后，他开始主持属于自己的节目，总是在节目上讽刺福克斯广播公司的《奥莱利现象》（*The O'Reilly Factor*）。最近，他以深夜喜剧秀大师传人的身份出现在 CBS 的节目上。或许你已经

猜到了，这位喜剧演员就是史蒂芬·科尔伯特，他是《科尔伯特报告》和《史蒂芬·科尔伯特深夜秀》的主持人，还兼任《科尔伯特报告》的制片人一职。科尔伯特是同时代最优秀的喜剧天才之一。

我们往往认为人才（当然是指全能人才）是神秘莫测、不可接近的。每当遇到极其成功或有创造力的人时，我们总是以为他们天生有才（无论这种"才"是什么），与众不同。他们的成功是不可避免的、神奇的，是我们无法理解的。上天似乎对他们恩宠有加。

天才无疑是存在的，他们中的很多人也已经开启了人生赢家模式。但像科尔伯特这样的人才并不是天生的，而是通过后天磨炼塑造而成的。事实证明，我们任何人都拥有学习他人成功秘诀的潜力，但还要有超级老板的支持、激励、指引和人际关系网。在科尔伯特的案例中，他加入了一个超级老板式的组织。

无论是对冲基金界的亿万富翁切斯·科尔曼，还是与迈尔斯·戴维斯共事并在其手下学习的大量爵士乐名家，或是由迈克尔·迈尔斯一手栽培的食品行业 CEO 和总裁，以及我们在前几章中探讨过的成百上千名超级老板门生，几乎每个领域的顶尖人才都因为与一名擅长于帮助他人成长的老板有关联而成就了伟大事业。在超级老板的指导下，这些人才无比努力地把本职工作做得更出色。他们快速晋升，实现甚至超越了自己最大的职业梦想。他们已经获得了某种力量，肩负起成为下一代超级老板的重任。

超级老板出现的本质就是知识、智慧和成就从老一辈向年轻一辈的转移，这种转移不仅是技能层面的，也包括思维方式、生活方式的转移。它的核心在于员工对超级老板有着始终不渝的敬意，这有助于团结和维系超级老板强大的门生关系网。超级老板起着教父或教母的作用，而他们的员工很喜欢这一点，而且心存感激。

对我来说，没有什么比我办公室里一张破旧海报更能说明问题的了。在我开始研究超级老板之前，这张海报已经在那里悬挂多年。在海报上面，冰球界传奇人物戈迪·豪尔（Gordie Howe）和年轻的冰球明星韦恩·格雷茨基（Wayne Gretzky）正坐在一张凳子上聊天，两人刚打完球，穿着被汗水浸透的运动服、冰鞋和护具。霍尔的脖子上搭着一条白色浴巾，可能正准备去洗澡。霍尔看起来已经五六十岁了，而格雷茨基可能只有三十岁左右。海报背后透露的信息也许是这样的：一位年长的大师正在给一名后起之秀，一个极具天赋的后辈传授知识，总有一天，那名后起之秀会超越这位前辈。

超级老板发挥着楷模的作用，他们教会我们如何能更好地带领、激励和培养员工。如今，绝大多数组织都是极不完美的，而超级老板可以制订一个框架，至少让这些组织有所改善。超

级老板向我们证明：我们不能满足于只培养出平庸之辈。如果我们已经担任领导职位，也可以营造那种不打压、不扼杀员工天赋的职场氛围。如此一来，我们的组织将变得更具创造力、生命力和影响力；坦白地说，还会变得更有趣和更加成功。归根到底，组织保持活力的关键在于它持续培养人才的能力。超级老板解决了组织面对的最根本问题：如何生存下来，并年复一年地蓬勃发展。

要将超级老板的智慧融入到我们的事业和组织当中，需要付出努力并保持开放的心态。超级老板做的很多事情都有违常理，所以目前还不是超级老板但又想成为超级老板的人要敢于独辟蹊径，无惧特立独行。那些希望为超级老板工作的人也要更主动地在茫茫人海中搜寻他们，一旦找到，就要全情投入。你愿意接受这个挑战吗？

给世界留下一笔精神财富

星座集团（Constellation Brands）是全球领先的优质葡萄酒、啤酒和烈酒生产商，它旗下拥有罗伯特·蒙达维（Robert Mondavi）、诗凡卡伏特加（Svedka Vodka）等数十个酒类品牌。2007 年 5 月 16 日，我协助该公司举行了一次战略研讨会。这次活动在位于加州的罗伯特·蒙达维农场进行，六七十名公司高管从世界各地飞来参加这次盛会。那是漫长的一天，大家对公司的未来发展进行了激烈的讨论。参会的高管很关心公司的发展，他们毫不留情地批评别人的想法，并提出自己的想法。

研讨会结束后，我们在农场举办了烧烤晚宴。我就坐在蒙达维先生和他的妻子玛格丽特的对面。在那次见面一年后，蒙达维先生就去世了。蒙达维先生被认为是葡萄酒行业的先驱人物，他帮助美国葡萄酒行业走向了鼎盛。他还被认为是葡萄酒行业最伟大的伯乐之一。罗伯特·蒙达维酒庄被称为"蒙达维大学"，因为它培养出了美国最优秀的酿酒师。该酒庄酿出的葡萄酒获得著名的 1976 年"巴黎盲品会"大奖，标志着美国红酒开始登上国际舞台。

回到 2007 年，蒙达维坐在我身边，身体状况已经很差。他坐在轮椅上，不能也不愿意说话，进食也是在妻子帮助下进行的。他穿着做工考究的定制西装，看起来还是那么英俊潇洒。在我跟同桌的其他人闲聊时，我看到他眼中闪过令人难忘的火花。他似乎正全神贯注地听我们谈话。

在晚宴进行到大概一半的时候，其他桌的宾客开始过来向蒙达维先生致敬。这些平常不轻易流露感情的高管都是蒙达维的门生，而在场的其他人虽然没有为他工作过，但仍然深受他的影响。起初，他们只是三三两两地过来祝贺；然后，越来越多的人站起来，站成一排轮流跟蒙达维说话。他们半跪在蒙达维先生的身旁，触摸他的胳膊，以真诚的口吻说道："蒙达维先生，非常感谢您为我和葡萄酒行业所做的一切。能够与您共进晚餐是我的荣幸。"

我深感震惊。这一幕不是预先商量好的，而是自然发生的。蒙达维影响过很多人，多年以后，这些人仍然对他心怀感激。

蒙达维不仅仅在酿造葡萄酒，还在塑造人才和帮助员工成就事业，他给世界留下了一笔精神财富。简而言之，他是一位举足轻重的人物。

这让我不由得问自己：我在职业生涯中取得了哪些成就？当我到了坐轮椅的年纪时，会有人排队向我致敬吗？

我们每一个人都有机会影响世界，让世界变得更美好。我们都要在组织中度过很长一段时间。这些组织不仅包括企业，还包括社会团体、志愿者组织、学校和宗教机构。那将是种什么感觉？这些组织真的运转良好吗？那些终身致力于创立和持续运营这些组织的员工的巨大潜力是否得到发掘？我们做了什么英明的决策？

超级老板们在实践中写就了一本实战手册，不仅可以帮助组织更好地运转，还能帮助员工获得其在职业生涯或人生中从未想过的成就。通过研究超级老板和他们所做的事情，我们现在知道真正与众不同的人如何构建组织；我们知道如何激励和鼓舞员工，激发他们的活力，给予他们信心，让他们坚信自己能完成目标；我们知道如何释放组织成员的创新潜能，并且清楚这样做时所产生的美妙结果；我们知道如何创建一个以变革为己任的组织；我们知道如何在管理者和员工之间打造一种不同类型的关系，这种关系是建立在师徒情分、机会和学习的基础上的；我们知道如何塑造具有亲人般情感的团队，而不仅仅是事务性的工作单元；我们还知道如何才能成为一块"人才磁铁"，让我们的人际关系网在员工离开团队去迎接全新挑战之后，继续创造效益。

通过研究这些超级老板，我们相当于上了一节大师课。超级老板向我们展示了一条与众不同且具有创新性的发展道路，这条道路将一个组织所取得的成就与负责实现这些成就的员工结合起来。从爱丽丝·沃特斯到吉恩·罗伯茨、从拉尔夫·劳伦到杰伊·恰特，我所研究过超级老板都通过帮助身边员工成就一番事业而功成名就。他们不仅从自己创建的企业、赢得的荣誉甚至是积累的财富中获得巨大满足感，还因为给这个世界留下了一笔精神财富而感到无比欣慰。

那天晚上，蒙达维先生一定非常满足。我之所以这样认为，并不是因为他说过的任何话。事实上，当他的门生来向他致敬时，他一言未发，但他那双散发着智慧和人生经验的眼睛永远神采飞扬。

请想象这样一个世界：在这个世界里，你的工作无比重要，而被你称之为"老板"的那个人帮助你实现了你认为自己永远不可能实现的成就；在这个世界里，你的机遇可能以你从来不敢想象的方式成倍增加。本书探讨的就是这样一个世界。这里的超级老板做了一些不可思议，但通常是非常简单的事情，让上述想象成为现实。

类似这样的世界需要进行探索和思考。幸运的是，我一直以来都是身处一个培养和推动这种探索与思考的环境中。令人难以置信的是，这本书从构思到出版花了 10 年时间。达特茅斯大学塔克商学院是冰冷北方的一片绿洲，它培养了天资聪颖的学生和优秀毕业生，经常提供接触各企业 CEO 和其他组织领导者的渠道。它让你身边围绕着充满好奇心的同事，并给你时间和资金做自己想做的事情，回答你想回答的问题。

作为塔克商学院的教授，我拜访过许多同事，并向他们学习，这些同事包括塔克商学院的罗恩·埃德纳、艾拉·贝尔、康妮·海尔法、史蒂夫·卡尔、亚当·克莱恩鲍姆、汤姆·罗顿、玛吉·彼德拉夫和阿尔瓦·泰勒，以及（来自其他学院的）弗雷德哈斯、克里斯·杰恩斯塔特、艾伦·卡普兰等在内的其他很多人。我曾在很多 MBA 班和塔克校友会上谈起本书背后的理念，并成功地引起了听众的兴趣和疑问。他们的兴趣让我更加专注于这个话题，而他们的疑问则促使我深入挖掘这个话题。

在本书的不同写作阶段，很多工商管理专业的研究生和本科生以及其他人都为本书的调研工作做出过贡献，我要在此感谢他们。他们包括鲍勃·巴特、凯莉·布鲁伊特、马特·博尔杜奇、斯科特·博格、克里斯滕·布鲁克斯、詹姆莎·布朗、威尔·布尔、杰西卡·伯克、路易莎·卡特、费恩·查达德、凯文·德莫夫、诺亚·丹泽尔、布莱恩·弗莱赫蒂、埃里克·弗兰西斯、劳伦·弗雷泽、马修·戈德法因、凯蒂·格里格斯、安德鲁·格里姆森、莎拉·金尼、埃文·哈克尔、艾莉森·希拉斯、维妮塔·艾尔文、拉姆塞·杰伊、朱熙·卡尔拉、凯瑟琳·金、欧尔·科伦、布里特·克里维希奇、马格特·拉隆德、本·玛格纳诺、威廉·奥尔基亚蒂、亚力克斯奥尔斯宏斯基、戴安娜·佩特洛娃、布莱恩·雷希特、约翰·鲁迪利亚诺、约瑟夫·桑托、丽贝卡·萨维奇、杰弗里·沙弗尔、玛丽·席勒德辛斯基、朱莉·斯卡夫、艾米·斯维尼、克里斯蒂娜·特赫达、斯科特·图尔科、克雷格·乌尔奇、玛丽·巴尔加斯、贝琪·维克曼、萨拉·威克斯、莎拉·威廉姆斯、莎拉·奥斯特林威利斯、以及克里斯·查布劳基。

与塞斯·舒尔曼的合作非常重要，这加快了本书的出版进度。我非常欣赏你的才华，也很高兴与你合作。谢谢塞斯。

塔克商学院系主任保罗·达诺斯、鲍勃·汉森和马特·斯洛特所付出的时间和金钱，乃至兴趣和精力都是至关重要的。前世界银行行长金墉与现任达特茅斯大学校长菲尔·汉隆在塑造一个践行超级老板美德的大学过程中发挥了重要作用。

我们毫不费力地对两百多位超级老板和他们的门生进行了采访，由于人名众多，不在此一一列举了。我只想说，我要在此感谢数十位 CEO 和其他无数为超级老板工作过，并且想与我分享他们经历的人。我问过很多超级老板，他们曾做过什么事情，以及为什么这么做，很感谢那些回答我这些问题的人。我还要特别感谢《周六夜现场》的洛恩·迈克尔斯，他不但接受了我的两次采访，还鼓励好几位演员和编剧与我聊天。还要感谢我们采访过的其他管理者，包括约瑟夫·阿布德、尤里乌斯·布兰克、李·克劳、道格·康纳特、米奇·德雷克斯勒、托米·弗里斯特、希德·甘尼斯、史蒂夫·海登、托马斯·凯勒、吉姆·基尔茨、麦克斯·莱弗琴、戈登·摩尔、埃隆·马斯克、卢·尼布、埃里克·瑞珀特、朱利安·罗伯逊、埃萨 - 佩卡·萨洛宁、比尔·桑德斯、迈克·西斯霍尔斯、韦恩·索特、大卫·斯文森、卢克·范德维尔德、让 - 乔治斯·范格里施腾以及爱丽丝·沃特斯。

无数朋友都听我倾诉，他们很少对我"妙趣横生"的观点发表意见，而是做一件每一个与我探讨这项研究的人都会做的事情：他们会提起自己的超级老板，那个他们曾经为之效力的风云人物。从他们的描述中我可以看到一个人、一个老板可以对其他人产生了多么惊人的影响。所以，我要感谢我的朋友们，包括艾菲·伊亚尔、大卫·加里森、拉里·霍弗、迈克尔·约翰逊、艾琳·卡恩、乔尔·克拉斯诺、布莱尔·拉科特、奈杰尔·利明、乔尔·利特文、梅琳达·穆斯、已故的柯比·梅耶斯、凯茜·尼曼、玛拉·威斯曼、里奇·威斯曼以及哈里·泽尔尼克，谢谢你们。

这是我第二次与 Portfolio 出版社合作，我们这个团队再次成功完成了项目。负责本书英文版稿件的编辑娜塔莉·霍巴切夫斯基给我提供了非常有用的建议，而阿德里安·扎克海姆和威尔·魏塞尔领导的强大团队展现出他们作为行业顶尖人才的素质。我要感谢我的经纪人洛林·里斯给了我再次与 Portfolio 合作的机会，并且在我最需要反馈的时候向我提供相关信息。在尚未动笔之前，我就和海伦·里斯（Helen Rees）多次探讨过这本书的内容，这是她对我和其他作家有着巨大影响力的体现。无论现在还是将来，我都非常想念她。

我特别有幸能够依靠一支了不起的团队，他们帮我宣传这本书。在塔克商学院，吉娜·德斯·柯格奈茨、安妮·林热、贾斯汀·科尔、珍·约翰逊负责本书的宣传工作；在 Portfolio，马格特·斯塔玛斯负责本书宣传；而我自己的宣传团队则包括琪琪·基汀和我的女儿艾丽卡·芬克斯坦。

　　在过去这 10 年时间里，生活一直在继续。有时候，你会看到你所爱戴的人虽然与最差劲的员工打交道，然而不知为何他们从始至终都表现出极大的勇气和了不起的热情。我的侄女雅姬虽然如今已远在天国，可在她生病期间，她仍然会询问我的新书进展。

　　你还会看着你的女儿长成亭亭玉立的、有才华的年轻人；你和妻子的关系也变得更加紧密。艾丽卡和葛洛丽亚的爱与支持不仅让我觉得动力十足，还觉得自己无所不能。

　　我还要把这本书献给我的母亲。她无疑是我人生中的第一位超级老板。尽管经历过艰苦的生活，但正因如此，母亲成为了我和两个哥哥，西蒙和亚瑟的坚强靠山。当我知道超级老板如何激励他人发挥潜能，如何与员工保持密切关系，以及如何让他们的接班人去追求更大的机遇时，我就不禁想到了我的母亲。她前段时间去世了，愿她在天堂安好。

"iHappy 书友会"会员申请表

姓　名（以身份证为准）：＿＿＿＿＿　　性　别：＿＿＿＿＿＿＿＿＿

年　龄：＿＿＿＿＿＿＿＿＿＿＿＿　　职　业：＿＿＿＿＿＿＿＿＿

手机号码：＿＿＿＿＿＿＿＿＿＿　　E-mail：＿＿＿＿＿＿＿＿＿

邮寄地址：＿＿＿＿＿＿＿＿＿＿　　邮政编码：＿＿＿＿＿＿＿

微信账号：＿＿＿＿＿＿＿＿＿＿＿　（选填）

请严格按上述格式将相关信息发邮件至中资海派"iHappy 书友会"会员服务部。

　　邮　箱：zzhpHYFW@126.com

　　微信联系方式：请扫描二维码或查找 zzhpszpublishing 关注"中资海派图书"

	订阅人		部　门		单位名称	
优惠订购	地　址					
	电　话			传　真		
	电子邮箱		公司网址		邮　编	
	订购书目					
	付款方式	邮局汇款	深圳市中资海派文化传播有限公司 中国深圳银湖路中国脑库 A 栋四楼　　　　邮编：518029			
		银行电汇或转账	户　名：深圳市中资海派文化传播有限公司 开户行：工商银行深圳八卦岭支行 账　号：4000 0273 1920 0685 669 交通银行卡户名：桂林　　卡　号：622260 1310006 765820			
	附注	1. 请将订阅单连同汇款单影印件传真或邮寄，以凭办理。 2. 订阅单请用正楷填写清楚，以便以最快方式送达。 3. 咨询热线：0755-25970306 转 158、168　传　真：0755-25970309 转 825 E-mail: szmiss@126.com			

→利用本订购单订购一律享受九折特价优惠。

→团购 30 本以上八五折优惠。